경남산문선 100

차 상 주
수 필 집

인생, 순간이고 바람이었다

도서출판 경남

• 책머리에 •

　책을 묶는다. 등단하기 전, 졸작 한 편을 써서 친구와 친지들에게 돌린 것까지 다섯 번째의 책이다.

　수필이라는 문학이 장르의 앞자리에 서지 못하면서도, 쓰면 쓸수록 어려운 글이 아닐까 싶다. 가벼운 듯하면서도 그 속에 깊은 철학적 인식이 들어 있어야 하기 때문이다.

　그래서 이번에는 나름의 '미학적 감동과 재미'를 더한 글에 매달렸지만, 웃으며 쉬어가는 글 말고, 오롯한 글 한 편 싣지 못해 아쉽다.

　지난 글 중 '잘 읽었다'는 글 몇 편도 가려 넣었다.

차상주

• 차례 •

책머리에 3

Chapter 1
둥글게,
둥글게
앉아서

산산조각으로 살면 되지 10
둥글게, 둥글게 앉아서 14
손자가 그리는 '효' 세상 17
큰 나무 24
자연 현상 29
다정, 냉정 그리고 무정 33
실웃음 37
노을역 41
잃어버린 낭만에 대하여 44
마음 산책 49

Chapter 2
인생을 허허롭게

시장통에 살면서	54
종아리 병상 일지	59
팔자타령	63
잿빛 예찬	67
김 서방과 정 서방	72
포구나무를 그리며	77
떠나가는 고향	83
이발과 미용과	87
산뿌라 이빨	91
족제비가 이웃으로 이사 왔다	95

Chapter 3
소소한 생각 한 조각

소소한 생각 한 조각	100
산동네의 인생 3막 5장	105
내가 만난 시인들	109
남해 단상, 둘	117
해인사 성철 큰스님	121
사육신과 차원부 설원기	126
동심을 돌이켜 추억하다	131
아저씨, 고마우신 아저씨	134
노인 운전에 품은 생각	138
씨름과 스모	143

Chapter 4
꽃 세상, 형형색색

보험과 주례	150
얼룩진 봉투	155
자전거 타기	160
큰 귀로 들어주는 일	165
전선에서, 교단에서 온 손 편지	170
자연은 자연 그대로	174
다문화를 바라보는 눈길	178
가오리 장수와 가오리연	182
친애하는 동생 S	185
통영 기행 이것저것	189

평설 • 이성모   194

Capter 1

둥글게, 둥글게 앉아서

황국현 作 〈어울림〉

우리가 인생을 허허대며 산다는 것은,
모나지 않고 둥글게, 둥글게 산다는 것이 아니겠는가.
'둥글다는 것'은 원만하다는 것, 무던하다는 것, 다 받아 주는 것 등
모든 것이 편안하다는 것을 의미한다.
언젠가 야외에 나가 수건돌리기도 한 번 해보고,
수박을 나눠 먹던 그날의 풍경을
둥글게, 둥글게 그려보고 싶다.

— 〈둥글게, 둥글게 앉아서〉 중에서

Chapter 1

산산조각으로 살면 되지

'사람은 아무나 하나, 어느 누가 쉽다고 했나.' 태진아의 가요 〈사랑은 아무나 하나〉의 한 구절 패러디다. '사랑은 아무나 하나, 눈이라도 마주쳐야 사랑'이듯이, 사람도 아무나 다 사람일까, 최소한 사람의 도리라도 하고 살아야 사람의 카테고리에 넣지, 사람의 허울만 썼다고 다 사람이라 할 수는 없는 것이 아닌가.

사람의 도리란 서로 사랑하며 도와주며 두루두루 살피는 행위일 텐데, 그런 원초적인 인간의 본분을 저버린다는 것은, 아마도 급속한 산업사회로의 영향이 아닐까 싶다.

요즘에는 이웃에도 무관심하고, 만나면 고개만 까딱하거나 그냥 지나치는 사람도 많다. 아무렴 나도 한 골목에 오랫동안 같이 살아 그냥 지나가기 뭣해서 남편을 통해 안면을 텄는데도, 그 여인은 오늘도 본체만체 지나간다. 나도 못 본 척하며 지나친다. 우리들의 자화상이다.

　사람이 살아가는 곳에는 별별 사람이 다 있다. 자기 본분을 다하지는 못해도 최소한의 체면치레라도 하고 살아야 하는데, 그 작은 처신도 하지 못하고 사는 사람도 의외로 많다.

　어떤 글에서 본 이야기다. 이름만 대면 다 아는 어느 저명인사가 각종 세미나 등 행사를 마치고는 한차를 탔다. 집으로 가는 방향이 같기 때문이다. 공교롭게도 제일 먼저 하차한 그 원로는 "차비는 다음에 낼게" 하고는 손을 흔든다. 한 번씩 배춧잎 돈 몇 장을 던져주었더라면 위신이라도 섰을 텐데, 차만 타면 다음에 낼게 하고 하차하니 '다음 낼게'는 그의 별호가 되었다는 이야기다. 원로 자신은 동료들의 입방아에 오르내리는 것을 까맣게 모를 것이니, 성품을 잘 타고나는 것도 여간 큰 복이라 하지 않을 수 없다.

　친구들 중에도 택시를 동승해도 차비는커녕, 커피 한 잔도 살 줄 모르는 짠 친구도 있다. 그까짓 커피 값 등은 누구나 내면 되지 하며 우정의 곁불만 쬐고 사는 친구들이다. 이렇게 너무나 얄밉게 구는 친구를 보고, 입빠른 친구가 이번에도 동승한 그 친구에게 "차비는 니가 내제. 우리는 그냥 내린다." 하였다가 친구 간에 이럴 수 있느냐며 일단의 '우정론'을 펴는 바람에, 말을 꺼낸 친구는 도리어 할 말을 잃고 어이없어 하였었다.

구상 시인은 〈인간꽃밭〉이란 수필에서 '사람에겐 타고난 성질, 즉 천성이 있어 이것은 고쳐지지도 바꿔지지도 않는다.'고 말했듯이, 타고난 성품은 어쩌지 못하는가 보다. 나도 구상 시인의 '성품론'에 동조하는 편이다. 성품이 그러지 않고서야 그리 짜디짠 행동을 밥 먹듯이 하지는 않을 것이 아닌가.

누구나 세상을 살다 보면 기쁨과 슬픔이 있기 마련이다. 경사스러운 일이야 주변에 사람이 많이 모이니 얼굴 내밀지 않아도 흉이 되지 않지만, 슬픔을 당한 친지들의 인사가 빠지면 사람의 도리가 아니라며, 특히 초상이 나면 아무리 멀어도 산 넘고 강을 건너 문상을 하였었다. 사람이 사는 기본 도리이기 때문이다. 요즈음 초상이 나도 코빼기도 보이지 않다가 제 자식 결혼청첩장을 내미는 데는 어이가 없다. 자식이야 또 낳으면 되지만, 한 번 떠나간 망자亡者는 다시 돌아오지 않는다. 영원한 이별이다. 그러기에 옛 어른들은 초상을 중히 여겼다. 손이 아픈 사이는 뒤에 만나면 향이나 초를 사 쓰라며 작은 봉투를 내밀기도 하였다.

이스라엘의 솔로몬 왕도 잔칫집에 가서 즐기기만 하느니, 초상집에 가서 자신이 어떻게 살아왔는지 뒤돌아봄이 지혜로운 삶이라고 조언한다.

그런데 나는 부모가 다 돌아갔으니 초상은 별일 없다며 대수롭지 않게 생각하는지 모르지만, 영혼을 위무하는 일보다 더 중한 일이 세상 천지에 어디에 있겠는가 싶다.

그동안 나는 세상 사는 법도에 많이 어긋나는 행동을 하거나, 교만하거나, 짠돌이 등과는 일정한 거리를 두고 살았는데, 지금 생각하니 전부 내 잘못이었다. 이 세상에는 천차만별의 천성이 서로 다른 사람들끼리 모여서 사는데, 내 잣대로 구분 짓는 것도 내 불찰이었다.

그가 그렇게 짜게 사니 대궐 같은 큰 집에서 살고 저축도 많이 해두고 풍족하게 살고 있지 않은가. 가까이하기는 싫더라도 산산조각의 한 친구로 보면 되지, 정이 있니 없니, 지갑을 여니 안 여니 할 필요는 없지 않는가.

시인 정호승의 시 〈산산조각〉이 생각났다.

룸비니에서 사온/ 흙으로 만든 부처님이/ 마룻바닥에 떨어져 산산조각이 났다/ 팔은 팔대로 다리는 다리대로/ 목은 목대로 발가락은 발가락대로// ……그때 늘 부서지지 않으려고 노력하는/ 불쌍한 내 머리를/ 다정히 쓰다듬어 주시면서/ 부처님이 말씀하셨다/ 산산조각이 나면/ 산산조각을 얻을 수 있지/ 산산조각이 나면/ 산산조각으로 살아갈 수 있지.

Chapter 1

둥글게, 둥글게 앉아서

 동창회에서 모이라는 통지가 왔다. 요즘엔 의자가 딸린 근사한 식탁에 앉아 앞치마를 두르고 기름이 번지르르한 음식이 앞에 있어도 그리 혹하게 구미가 당기지 않는다.
 옛날에는 두레 밥상에 퍼지르고 앉아 반찬이래야 기껏 뚝배기 된장찌개에 나물이나 잔챙이 생선 한두 토막이면 금세 밥 한 그릇이 비워졌다. 그러니 입맛 타령은 할 새도 없었다.
 70~80년대만 하여도 토요일이나 일요일 저녁이면 장복터널 넘어가는 도로 초입에서 문화센터 주변까지는, 늦게 가면 빈자리가 없을 정도로 시민들이 많이 모여들었다. 차량 통행이 많지 않은데다가 꽃나무도 주변에 많이 심겨 있어 정원같이 아름다웠다. 우리

는 꽃나무 사이에 둥글게, 둥글게 앉아 밀린 이야기를 나누다 보면 밤이 깊어가는 줄도 몰랐다.

체육관의 전통은, 야외에서 모임이 있는 날이면 갓 결혼한 관원은 2차 결혼식을 꼭 치러야 했다.

벚꽃이 흩날리는 어느 날, 지난달에 결혼한 신부는 나비처럼 산들거리는 화사한 옷을 입고 나왔다. 입담 좋은 곰보 사범은 동그랗게 뺑 둘러앉은 중앙으로 새신랑과 신부를 불러 세우고는 "행복한 가정을 꾸리느라 밤낮을 가리지 않고 일하는 신랑을 위해, 신부는 꼭꼭 눌러 담은 고봉밥에다 삼겹살 등 고기를 잘 먹여 기운을 북돋아야 하고, 신랑은 아무리 고단해도 큐피드 사랑의 화살을 사흘을 넘기지 말고 쏴야 한다."는 멋들어진 주례사를 곧잘 해주었다.

우리 종친회에서도 봄이면 부부 동반으로 야외에서 모임을 자주 가졌다. 회의 시간이 이르면 하는 게임이 '수건돌리기'였다. 뺑 둘러앉아 수건이나 보자기를 둘둘 말아서 돌리다 보면 시간은 한순간에 흘러가고, 종친들 눈가에는 잔 웃음꽃이 피어났다.

지금은 자연을 벗 삼아 둥글게 모여 앉을 일도 별로 없다. 야외에서의 행사는 자제하는 대신, 대궐만 한 큰 식당에 앉아 미식을 즐기기에 시간을 더 많이 쏟기 때문이다.

무더위가 극성을 부리는 9월 초순에, 모처럼 온 식구가 둥글게 앉아, 수박 한 통을 나눠 먹은 일이 있다. 식구가 여남은 명이 되다 보니 집사람은 이리저리 견주어 가며 수박을 쪼갰다. 한 조각씩 먹고 나서 보니, 네 살 먹은 손녀의 앞니 한 개가 온데간데없다. 이 녀석은 큰 조각을 집으려고 이 조각 저 조각을 살피며 난리를 치더니, 수박을 베어 먹다 이빨도 함께 삼켰는가 보다며 다들 놀라 입안을 벌려 들여다보니, 빠진 이는 새까만 수박씨였다.

둥근 배를 잡고 한바탕 웃은 때가 엊그제 같은데, 세월은 벌써 강산도 한 번 지나가 기억도 희미하다.

우리가 인생을 허허대며 산다는 것은, 모나지 않고 둥글게, 둥글게 산다는 것이 아니겠는가. '둥글다는 것'은 원만하다는 것, 무던하다는 것, 다 받아 주는 것 등 모든 것이 편안하다는 것을 의미한다.

언젠가 야외에 나가 수건돌리기도 한번 해보고, 수박을 나눠 먹던 그날의 풍경을 둥글게, 둥글게 그려보고 싶다.

Chapter 1

손자가 그리는 '효' 세상

효도 한 번 못 받아 보고 평생 고생만 하시다가 돌아가신 어머님! 어머니는 사십이 되기 전에 청상과수가 되어, 홀로 어린 4남매를 키우느라 갖은 고생을 다 하시었다. 노후에는 여동생 가정을 뒷바라지하느라 멀리 울산에 가 계시는 바람에, 내가 마지막으로 효도할 기회마저 그만 빼앗기고 말았다.

아침저녁으로 문안 인사드리며 신수를 살피는 옛날의 효와는 달리, 오늘날의 효는 부모님 마음을 편안히 해드리면 된다고 한다. 그 손쉬운 효도 제대로 못한 나는, 어머니가 안 계신 지금에 이르러야 그 못다 한 불효를 회한悔恨하고 있다.

계매는 현대중공업 근처에서 파지 등을 수거하는 조그만 고물상을 하다가 고철로 사업장을 넓혔다. 사방에 쇳조각이 널려 있는 그곳에서 아이를 키울 수는 없었다. 할 수 없이 어머니가 생질을 거두며 집안을 돌보았다.

세상의 어머니는 누구라도 맛있는 음식을 보면 먼저 자식을 생각하고, 밤늦게까지 집에 돌아오지 않으면 자지 않고 기다리듯이, 울산에 가 계시는 동안 큰자식이 얼마나 보고 싶었는지, 먼저 전화를 거시는 일이 많았다. 어머니를 뵈러 가서도 날이 새기가 바쁘게 내빼려는 나에게 "하룻밤만 더 자고 가라"는, 그 간곡한 어머니의 청대로 하룻밤만 더 새워도 허전한 어머니의 빈자리를 조금은 메워 줄 텐데, 불효막심한 자식인 나는 무슨 핑계를 들이대며 돌아선 일이 천추의 한이 된다.

요즘에는 영어, 산수 잘하는 놈을 쳐주는 세상에, 삼강오륜의 한 구절인 장유유서長幼有序에 골똘한 녀석이 하도 기특해 글을 올리려 해도, 처음엔 팔불출이란 생각이 들어 주저했다. 그러다가 요사이 귀한 효라서 거부감을 갖는 이는 그리 많지 않으리란 심증이 들어 여기에 꺼내 적는다.

추석을 보내고 난 어느 날, 고종사촌 계매가 처남 얼굴이나 한 번 보자며 찾아왔기에, 무심코 초등학교 4학년인 외손자에게 "고모할아버지가 집에 와 있다"라는 문자를 보냈다. 얼마 지나지 않아 "고모할아버지 생각납니다. 고모할아버지 오래오래 사세요."란 답이 왔다. 이를 본 고종계매는 녀석이 보낸 폰 글을 읽고 또 읽고는 "야, 그놈 참 고맙네." 하며 폰에서 눈을 떼지 못하였다.

이 녀석은 자주 드나드는 어르신들의 신상을 머릿속에 담아 두려는지, 가고 나면 어디에 사는 누구냐며 캐묻곤 하더니, 엔간한 친척은 줄줄이 외고 있었다.

나는 슬하에 아들 둘, 딸 하나를 두었다. 손자 손녀 4명을 합해도 십여 명에 불과한 단출한 가정이다. 서울과 김해 그리고 딸내미는 진해에 산다. 그러니 이 작은 우리 가족도 설과 추석 명절 말고 어쩌다 생일 때 모일 뿐, 정붙일 새도 없이 뿔뿔이 흩어져 산다.

근동에 사는 딸내미는 오누이를 두었다. 두 살 차이인 녀석들은 붙어 있기만 하면 싸움질을 밥 먹듯이 했다. 참다못한 딸내미는 사내 큰놈을 유아원 갈 때까지 우리 집에 떼어 놓았다. 이 녀석은 나를 따라 도서관도 가고, 탑산이나 장복산에 오르거나 동네의 체육공원에도 바늘과 실같이 항상 따라다녔다. 그래 정이 들 대로 들어선지, 저네 집에 가면 나를 한사코 붙잡아 두려고 오만 꾀를 다 부렸다. "할아버지, 밥 먹고 가요." 하며 나를 멈칫거리게 하다가, 때가 일러 신발을 꺼내 신으면 "할아버지, 다음에 또 와요." 하며 뒷날을 기약한다. 이렇게 할아버지와 함께 지내려는 마음 씀이 너무나 가상하다.

추석이나 설 명절에 손자 셋이 모이면 하는 경기가 공차기이다. 나까지 합해도 4명뿐이니, 그 넓은 운동장에서의 공차기는 이내

쏟아지는 햇살에 싱그러운 표정의 녀석들

지치고 만다. 그래 가쁜 숨을 추스르기는 승부차기가 안성맞춤이다. 이 '페널티킥'은 주로 내가 골키퍼를 하고, 세 놈 돌아가며 키커를 한다. 덩치가 큰 서울 놈은 방향은 가리지 않고 무조건 골대를 향해 힘차게 킥한다. 약삭빠른 김해 녀석은 요리조리 몸을 비틀며 나의 수비 방향을 예측하느라 온 신경을 쓴다. 왼발잡이에다, 호리낭창한 몸매의 진해 놈은 수비하기가 힘든 골대 외곽을 향하여 냅다 찬다. 내가 골대 모서리로 씽 날아오는 공을 쫓다가 넘어지기라도 하면, 잠시 멈춘 시간을 이용해 서울, 김해 두 놈은 저들 킥하는 자세 등에 대한 의견을 나누느라 머리를 맞대고 있는데, 진해 녀석은 부리나케 나에게 달려와서는 "할아버지, 골대 옆으로 가는 공을 잡으려고 하지 마세요. 그냥 내버려 두세요. 잡다가 잘못하면 다칩니다."며 일러주고 간다. 요놈은 이렇게 운동을 하면서도 할아비가 다칠까 안절부절이다.

한동안 아내가 무릎인대가 늘어나 너더댓 달 병원을 다녔다. 점심을 가까운 곳에 사는 딸애 집에서 해결했다. 점심을 먹고 나면 이놈이 다니는 지름길인 초등학교 운동장과 탑산을 거쳐서 집으로 온다. 운동장에 가면 어느새 보았는지 쏜살같이 달려와 와락 끌어안는다. 이놈들의 축구 경기를 구경하다가 이내 자리를 뜨면, 또 달려와 "할아버지, 산길은 꾸불꾸불하고 위험하니 조심해서 집으로 가요." 하며 산길을 잘 살피라는 인사도 빠트리지 않는다.

이놈은 얼마나 속정이 깊은지, 식당에 무료하게 앉아 음식이 나올 때까지 나까지 함께 폰을 만지작거리기 뭣해서 문밖에 나와 폰을 만지고 있으면, 어느새 봤는지 다가와선 "할아버지, 여기 오래 있으면 감기 걸려요." 하며 옷소매를 잡아끈다.

육친의 정 운운하지만, '정'은 쌓여야만 깊어지는 것, 오랜 시간을 두고 형성되는 감정이 아닌가. 이 녀석은 정 있는 놈으로 타고난 데다, 동고동락까지 하였으니 정이 깊을 대로 깊어지지 않았을까 싶다. 녀석과는 '하늘마루'에도 오르고, 편백나무가 울울창창한 장복산도 셀 수 없이 많이 올랐다.

몸도 끊임없이 단련하여야 강건한 신체가 되듯이, 효성도 산을 오르내리며 만난 어른들의 덕담과 할아비의 훈장訓長 같은 고언이 무의식적으로 녀석의 가슴에 심어졌으리라 본다.

또한 이놈 백일잔치 때 '이웃 어른도 부모님처럼 섬기며 건강한 시민으로 자랐으면 한다.'고 가족 인사한 것까지, 간절한 기도가 되어 오늘의 이놈이 되었는지는 모르지만, 녀석의 행동거지를 보면 서당 아이처럼 예의가 몸에 배어 있다.

그렇다고 할아비의 말을 다 따르지는 않았다. 이 녀석은 도서관을 나와서는, 곧장 집과는 반대 방향인 마트가 있는 곳으로 뒤를 힐끔힐끔 쳐다보며 앞장서 걸어갔다. 내가 멈추면 따라 멈추며 애를 먹이었다. 도서관을 파하기가 무섭게 이놈의 머릿속에는 제 엄마가 좀처럼 사 주지 않는 라면을 사먹는 데에 온정신이 팔려 있었다. 큰 사발면 잡는 것을 끈덕지게 꼬드기어 산 '작은 사발면' 한 통과 빼빼로를 양손에 쥐고는 의기양양 집으로 향하였다.

　이런 때도 있었다. 내가 말을 하고 있는데, 느닷없이 딸내미가 끼어들었다. "엄마, 할아버지 말이 아직 다 끝나지 않았는데…." 하며 제지한다. 여간 기특하지 않다. 이렇게 효를 다하는 녀석 때문에, 우리 내외는 늙으면 오기 마련인 허허로움도 잊고 산다.

　나 세상 떠나고 나면, 지은 책 몇 권, 안경이며 손때가 묻은 사전 등 내 흔적을 갈무리할 이놈이 할 일도 그리 만만치 않다. 자식들은 내가 문학 인생으로 사는 것에 대하여 별 관심이 없으므로 이 녀석이 건너뛰어 간수하리라 본다.

　자나 깨나 살갑게 굴던 녀석이 이제는 의젓한 대학생이 되었다. 지금은 집에 들러도 할아비 턱밑에서 종알대던 어릴 때와는 달리, 나날이 쭈그러져 가는 할아비가 한스러운지, 장승처럼 멀찍이서 내려다보다 이내 고개를 돌리고 만다.

Chapter 1

큰 나무

세상의 어머니들은 아무리 어려워도 가족을 껴안는다. 더 지극한 어머니들은 인간을 끌어안는다. 그러니 세상이 비뚤어져 가다가도 이러한 어머니들의 사랑과 헌신으로 다시 반반한 세상으로 돌아온다. 모성은 이렇게 극진하다.

어느 다문화 교실에서의 백일장 시제는 '고향'이었다. 다들 어려운 가정에서 태어나 머나먼 타국으로 시집온 여인들은, 제목이 알려지자마자 일사천리로 고향 이야기를 써 내려갔다. 조선족 중국인들은 말할 것도 없고, 현지에서 한글 기초를 배운 이도 우리보다 더 글을 잘 지었다. 내용은 천편일률적으로 가난이 주를 이룬 글이었다. 여느 백일장과는 달리, 입상자는 직접 단상에 나와 자기 글을 손수 발표하게 했다.

 지금도 잊히지 않고 뚜렷이 기억나는 글은, 장원에 입상한 '큰 나무'라는 표제를 달고 쓴 글이었다. 이 글은 일반 참가자가 쓴 글과는 내용이 판이하게 달랐다. 자기가 나고 자란 부모님이 계시는 안태 고향이 있지만, 지금은 시어머니가 계시는 이곳이 자기 고향이라 했다. 남편이 출근하고 나면, 말도 서툴고 생활환경도 달라 아무것도 모르는 자기에게 시어머니는 '큰 나무'가 되어 자기를 감싸주고 이끌어 준다는, 가슴 뻐근한 내용이었다. 시집온 지 몇 해가 되지 않아선지, 아직도 표현이 서툴고 문맥이 맞지도 않았지만, 그녀가 그리는 의미는 잘 전달되어 참가자 전원의 뜨거운 박수를 받았다.

 지금은 큰 나무 시어머니를 알뜰살뜰히 섬기며, 글도 잘 짓고 한국말도 유창하게 구사하며 한국 주부로서의 소임을 다하고 있으리라고 본다.

 어느 집안이라도 모성이라는 이름의 큰 나무 여인들이 있기 마련이다. 우리 집안에도 부녀자들이 남정네들보다 대가 차고, 일반 가사제절家事諸節에도 밝은 안노인들이 많았다.

 특히, 명문가인 상주 주씨 집성촌인 함안 무기의 가난한 선비 집안으로 출가한 왕고모님은 시조도 줄줄 읊을 줄 알고, 집안 대소 간의 제례규범도 훤했다. 그러니 왕고모님이 친정에 왔다 하면 세상 돌아가는, '개명開明' 이야기를 들으려고 초저녁부터 동네 할머니들과 며느리들까지 몰려드는 바람에, 마당에 멍석을 깔고 남포등을 밝히기도 하였다.

아녀자들에겐 어두운 세상일을 당신께서는 훤히 꿰차고 계셨기에, 함안의 삼칠면(칠원, 칠서, 칠북)에서는 남양댁이라 하면 모르는 사람이 없었다고 한다. 이들 부녀자들에겐 왕고모님은 '큰 나무'와 다름없었다.

어느 날 왕고모님은 나를 보더니, "그놈 눈매가 예리한 걸 보면, 잘 크면 한자리 하겠네."하셨다고 한다. 멀리 떨어져 살아 한두 번밖에 뵈옵지도 않았지만, 왕고모님은 얼굴이 갸름하고 훤칠한 키에 기품이 있어 보였다.

일제 때에 소학교를 다니신 어머니도 사리 판단이 정확하시고 일을 명확하게 처리하시었다. 내가 남에게 쉽사리 밀리지도 않고, 소신을 굽히지 않는 것은 왕고모님과 어머니의 기질을 조금은 이어받은 것 같다.

군공창에 다닐 때의 일이다. 내가 그때 맡은 직책이 예산 담당이었다. 어느 해에 '예산집행운영위원회'란 공문이 나한테 하달되었다. 내용을 보니, 예산집행 담당자는 차질 없이 예산을 집행하였는지, 매분기 예산집행결과를 심의하고 토론하는 위원회였다. 그리고 회계과장이 운영위원회 간사로 명시되어 있었다. 나는 운영위원회 간사는 분명히 회계과장이 맡도록 되어 있고, 또한 계약 등 모든 예산집행을 회계과장이 다 하는데 왜 내가 이 업무를 맡느냐며 옥신각신하다가, 내 의견이 받아들여지지 않자 공문을 과장 책상에 휙 던지고 나온 일이 있었다. 타자수는 좀처럼 볼 수 없는 광경을, 비상구멍으로 들여다보고 온 사무실에 퍼뜨리는 바람에, 나는 한때 행정부서의 '입바른 소리꾼'으로 이름났었다.

우리 왕고모님은 친정 종손의 관상을 반의반쯤은 맞히신 것 같아, 지금도 그 일을 생각하면 웃음이 절로 나온다.

어머니의 어른 성김도 유별났다. 언제나 어른, 어른 하며 사시는 어머니의 말씀이 하도 지겨워 어떤 때는 대들기도 하였었다. 어머니는 방학이 오면 빠지지 않고 나를 콩나물 버스에 태워 할머니가 계시는 고향에 보내야 속 편해하셨고, 먼 곳에 사는 사위에게도 처당숙(아버지의 사촌: 나에게는 오촌 아저씨) 장례식에도 빠져선 안 된다며 분부를 내리시는 어른이셨다.

어느 토요일 도서관 앞에서의 일이다. 허리는 괭이 목처럼 꾸부러지고 체머리를 흔드는 80이 됨 직한 할머니 한 분을 버스 승강장까지 부축해 안내한 일이 있다. 한눈에 보아도 병색이 완연했다. 혼자 승강구에 오르는 것조차 힘들어 보여 동행한 김에 버스에 태워 드려야 마음이 편할 것 같았다. 차가 올 때까지 10여 분을 기다려 주었더니,

"고맙습니다. 고만 가이소. 꼭 출세하이소."를 되뇌이신다. 도서관 앞에서 만났으니 대단한 공부를 하고 있으려니 할머니 눈에는 보였으리라. 완행 버스표 한 장 끊어주고, 가판대 커피 한

잔 빼어 마실 하찮은 시간 씀이 전부인데도 여간 고마워하시지 않는다.

　나는 이들 큰 나무 여인들의 언행을 통해서 이웃 어른도 내 부모처럼 섬기며, '남자란 어떤 자리에 있어도 소신을 펼칠 수 있어야 그게 남자지' 하는 사나이의 신념을 고착시켜 준 것도, 이들 '어르신 여인'들의 무언의 가르침이 아닐까 싶다.

　그래선지 내가 꼬부랑 늙은이가 된 것도 모르고, 지금도 노약자들이 한길에서 헤매면 가만있지 못한다. 어느 땐가 건널목의 신호등이 적색으로 바뀌었는데도 그냥 유모차를 밀고 오는 위급한 노인을 발견하고는, 부리나케 달려가 유모차를 함께 밀어 준 일도 있다.

　그리고 지금도 어느 곳에서나 주눅 들지 않고 바른 소리를 하는, 기가 센 노인으로 살아가고 있다.

Chapter 1

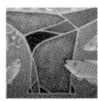

자연 현상

한 50이 되어서일 것이다. 눈이 침침해 왔다. 안과를 찾았다. 의사는 내 나이에 눈이 나빠지는 것이 조금 빠르기는 해도 자연 현상이라는 것이다.

몇 년 전부터는 귀가 잘 들리지 않아 이비인후과에 가서 정밀검사를 받았다. 밀폐된 청력검사실이라서 그런지, (개미는 위급할 때, 빨래판 긁는 듯한 "득~득" 소리를 낸다는데, 이러한 미세한 소리도 들을 수 있지 않을까 싶게) 제일 낮은 단계의 소리도 감지되었다.

의사는 그 나이 되면 대부분 청력 중추 및 고막과 이소골의 퇴행으로 난청이 오기 마련이란다. 환자분은 조금 일찍 왔다는 것뿐이지 정상이라는 것이다. 여기서도 자연 현상(?)이었다.

그런데 희한하게도 요사이는 도수 안경을 쓰지 않아도 신문의 작은 글씨도 다 보인다. 자연의 역행(?)이 아닐 수 없다. 인체는 이렇게 한 번씩 마술을 부리는가 보다.

나는 나이 들면 오기 마련인 근육 위축을 완화하기 위해, 아령을 안방에 두고 사는 별난 사람이다. 이렇게 운동에 빠질 수밖에 없는 것이, 삶의 기로에서 항상 내 앞을 가로막은 것은 건강이었다. 그러므로 운동은 나를 있게 한 '존재' 그 자체라 한시도 잊은 적이 없다.

그런 나에게 살살 걷는 운동은 그리 큰 운동이라고 생각되지 않았다. 그런데 티브이나 신문을 보면 노인이면 누구나 걷는 것 이상 더 좋은 운동은 없다고 입을 모은다. 나는 그동안 체력을 강화하는 운동에 매달렸으므로 그까짓 걷기 운동쯤이야 아무한테도 뒤지지 않는다며 코웃음을 치며 빈정거렸었다.

그런 어느 날, 마침 내 뒤에 어린 꼬마와 중년의 여인이 따라오고 있었다. 나는 이들과 한번 겨뤄보자며 마음속으로 정하고는, 허리를 곧추세우고 팔을 앞뒤로 힘차게 내저으며 앞장서 걷기 시작했다. 그런데 얼마 못 가서 댓 살 먹은 꼬마가 내 앞을 뜀박질하며 지나갔다. 엄마인 듯한 배가 불룩 나온 중년의 여인에게도 그만 추월당하고 말았다.

그러고 보니, 이 걷기 운동도 그리 만만하게 볼 운동은 아니었다. 더욱이 노인들의 걸음걸이는 속도를 내어봤자 앞으로 나가지 않는 종종걸음이다. 그러니 보폭이 넓어 성큼성큼 걸어가는 젊은 이와는 대적할 수가 없다. 그리고 꼬마는 막 뛰어가니 이 녀석을 따라잡을 수도 없다. 그래도 나는 평소에 역기나 아령 등으로 근력을 다진 데다, 1백 3~4십여 미터 되는 소방도로를 매일 달린 몸이라 일반 노인과는 다르다며 큰소리쳤지만, 나의 걸음걸이도 종종걸음이었다. 아령 등이 근육을 조금은 강화해 주었겠지만 자연현상을 거스르지는 못했다.

 식물이라고 다르겠는가. 식물도 싹이 트고 자라서 열매 맺는 등 일련의 과정을 거치고는 단풍과 낙엽 되어 일생을 다한다.

 인간의 수명이 많이 연장되었다고는 하나, 오래 살아봐야 100살 안팎인데 반해, 지구상에서 1~2천 년 사는 수목들은 헤아릴 수 없이 많다.

 경남의 향나무만 보아도 남사예담촌 향나무는 520살이고, 밀양 표충사 표충비 근방의 향나무는 3백 살이 넘었다고 한다. 우리 동네 체육공원 근처의 빌라 언덕에 심긴 향나무는 4층 빌라와 키 자랑을 하고 있다. 그렇게 무럭무럭 자라도 언젠가는 일생을 마칠 것이 아닌가.

 어쨌거나 세상의 온갖 생물은 길고 짧은 생이야 있겠지만 영원할 수는 없다. 그런 데에도 우리 인간은 갖은 만용을 부리며 천년만년 살 것처럼 날뛴다. 소멸이 눈앞인 데도 말이다.

시간은 이렇게 모든 생물을 서서히 변화시킨다. 어느 시간이 지나면 몸뚱이는 성장을 멈추고 낡아지기 시작한다. 일반적으로 말하는 노화이다. 이 노화는 몸만이 변하는 것도 아니다. 인간의 경우 생각과 정신도 변한다. 우리의 생각이라는 게 몸보다는 늦게 변하지만, 결국에는 생각의 폭을 점점 좁히다가 멈추기 시작한다.

젊었을 때는 내가 옳다고 생각하면 타협의 여지가 없었다. 그러다가 나이 들면서 생각과 이해의 폭이 넓어졌다. 더욱 포용하게 되고 허용하게 되었다. 이제는 소멸을 향해 끝없이 달려갈 뿐이다. 그것이 인생의 말로인 걸 생각하면 매사에 욕심을 내며 산 일이 못내 부끄럽다.

그래도 나에게 남은 바람이 있다면, 큰 병 안 들고 이웃이며 가족과 친구들과도 마음 상치 않고 정 나누다가 떠나는 일이다.

가을이라서 그런지 아침저녁으로 선선하다. 산자락에 감겨 있던 먹구름도 오늘은 뭉게구름 되어 두둥실 떠 있다. 오늘같이 환한 날, 그토록 원하는 좋은 글 써지지 않을까 싶어 힘껏 자판을 두드리고 있다.

Chapter 1

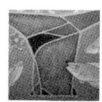

다정, 냉정 그리고 무정

식물이야 씨앗의 본성을 벗어나지 않지만, 인간은 형제간이라도 성품과 성정이 제각각으로 태어난다. 인간을 포함하여 의식이 있는 동물이 지닌 출생의 한계이기도 하다.

글자 다정과 냉정 그리고 무정은 의미는 달라도 정情자 돌림 글이니 형제 글자라 말해도 무방할 것이다.

우선 글자의 뜻풀이를 보면, 다정은 '인정이 많음, 교분이 두터움'이고, 냉정은 '매정하고 쌀쌀함'이다. 그리고 무정은 '정이 없음, 인정이 없음'이다.

하느님은 이렇게 성품이 제각각인 오만 사람을 이 세상에 보내 주셨다.

'다정'하면 마음이 고운 사람이다. 이렇게 심성이 곱다 보니 어려운 사연을 목격하거나 들으면 그냥 지나치지 못한다. 지하철 입구나 길가에서 자질구레한 잡동사니를 파는 할머니나 젖먹이 딸린 엄마가 사달라며 애걸복걸하면 그 자리를 피하지 못한다. 그걸 사 들고 집에 가면 "그 물건 집에 있는데, 또 사왔소."라며 아내의 구박을 듣기 마련이다. 아닌 게 아니라 집안 구석구석 이들 잡동사니로 발을 붙일 곳이 없다. 이러하니 마음이 여린 사람은 아무래도 가정에는 소홀할 수밖에 없다. 그래서 좋은 일 하며 살면서도 부부간에는 티격태격하기 마련이다.

언젠가 티브이를 보니 재봉틀 몇 대를 두고 기성복을 만드는 어느 사장님은, 십수 년간 노숙자들에게 점심을 대어주고 계셨다. 어느 날 그의 집을 찾아가 보니 집이래야 코딱지만 하고 세간살이도 너무나 허술했다. "다정도 병이런가"란 말이 생각났다. 사장님, 이젠 가정도 조금 돌봐 가면서 남을 도와야지요. 그래야 안팎의 손발이 척척 맞아 남의 아픔도 자기 아픔인 양 여기며 재미있게 살아가지 않을까 싶네요.

'냉정' 하면 우선 차가움이 떠오른다. 선뜻 마음을 내어주지 않는 사람, 너무 사리에 밝고 인정사정이 없는 사람이 이 부류에 속한다.

오래전의 일이다. 집을 손보려고 하니 궁금한 것이 많았다. 거실이 너무 좁아 한 두어 평 늘리는 데에도 허가를 받아야 하는지,

아니면 동사무소에 신고만 하면 되는지를 시청에 근무하는 친구에게 물은 적이 있다. 그 친구는 묻기가 바쁘게 그 일은 내 소관이 아니라며 전화를 딱 끊어 버렸다. 여간 섭섭하지 않았다.

 '무정'하면 남에게 해를 끼치지는 않지만, 이웃 간의 정분은 아예 모르고 자기 것 자기만 먹고 사는 이가 우선 떠오른다. 그런 행실이 꼭 나쁘다고만 할 수는 없지만, 이웃도 없이 외톨이로 살아가면 무슨 재미로 살까 싶다.

 7인회의 일인이기도 한 어느 원로 정치인은 '브이아이피'를 만들어 주었는데, 푸른 집에 들어가고 나서는 아무런 소식이 없다는 이야기를 듣고는 이런 사례는 냉정에 속할지 무정에 속할지 헷갈리기도 하지만, 아무래도 무정 편에 넣는 것이 나을 듯하다.

 맬서스의 《인구론》을 보면 식량은 한정되어 있는데 인구는 기하급수적으로 늘기 때문에 빈곤이 생긴다. 여기서 밀려난 '잉여인간'은 노동현장에서 자본가들에게 착취를 당할 수밖에 없다. 그렇지만 인구감소를 걱정하는 오늘날에는 노동자들에게도 일정한 보수와 복리로 대우를 한다.

 결국 세상을 바라보는 따뜻한 시각과 냉정한 시각과의 싸움에서는 따뜻함이 이긴다는 것을 알 수 있다. 그러니 따뜻한 편의 다정이 냉정보다는 힘이 세다고 할 수도 있을 것이다.

 사람 사는 세상에는 사물이나 일에 대한 각자의 의식이 있어 인간의 본성인 다정, 냉정 등을 임의로 제어하지 못한다. 다만 생활

하는데 조금은 불편은 해도, 자연을 본디대로 손대지 않고 불편함을 감수한다면, 냉정하고 무정한 사람도 다정다감한 사람으로 자연 순화되어 따뜻한 세상이 오련만, 불도저는 오늘도 도시 곳곳을 파헤치고 있다.

Chapter 1

실웃음

    나는 누구를 만나려고 약속한 날 말고는, 평상시에 집을 나설 때는 한두 권의 책을 넣은 가방을 메고 다닌다. 명퇴하고 나서의 내 모습이다. 가방이라지만 돌돌 말아 바지 주머니에 넣어도 되는, 얇은 천으로 만든 하찮은 베 가방이다.

    이 가방이 하찮게 보여도 여간 요긴하게 쓰이지 않는다. 친구 만났다가 어중간한 시간이 나면 도서관에 가서 책을 볼 수도 있고, 가까운 곳에 나들이 가서도 타월이나 팸플릿 등도 넣을 수 있어 애지중지한다.

    이런 차림에다 요즘은 실성한 사람처럼 입을 헤벌리고 다니는 나를, 이웃집 아주머니는,

"경아 아버지는 요사이 무슨 좋은 일이 있습니까? 오늘도 공부하러 갑니까?" 하며 다잡아 묻곤 한다.

"뭐, 좋은 일이 있겠습니까? 나도 모르게 그냥 웃음이 나옵니다." 하며 의미 없는 말을 불쑥 던지고는 그 자리를 피한다.

지금처럼 어지러운 세상에 인상을 쓰고 나다니기보다는, 남의 시선이야 어떻든 실실 웃음이라도 지으면 그나마 마음도 차분해지는 것 같다. 이렇게 웃음에는 무엇이나 가라앉히는 진정제가 들어 있는 모양이다.

요즘 티브이나 신문을 펼쳐보면 얼굴을 찌푸릴 일이 비일비재하다. 우리의 지도자라는 사람들은 하나같이 위장전입이며 부동산 투기 등 불법을 저지르지 않는 사람이 없고, 학력 인증 경력 등을 만들어 온갖 혜택을 받으며 선택된 사람으로 살아간다. 이들은 온갖 편법을 이용해 법망을 빠져나가고, 우리 서민들만이 각종 시행령으로 촘촘히 묶인 법이란 법의 굴레를 숙명처럼 다 받아들이고 살고 있다.

신성한 의사당에서 서로의 말꼬리를 물며 삿대질을 하며 싸우는 사람들, 하나같이 온갖 궤변을 늘어놓는 '말씀'의 선수들이다.

논어의 공야장公冶長 편을 보면

　　禦人以口給 어인이구급
　　屢憎於人 루증어인

不知其仁 부지기인

焉用佞 언용녕

약삭빠른 구변으로 남의 말을 막으면

자주 남에게 미움만 받을 뿐이니

그가 인仁한지는 모르겠거니와

말재주를 어디에 쓰겠는가

   주변에서 옹(공자의 제자)이 말을 잘할 줄 모른다고 평하니 공자는 구변, 즉 말이나 잘하면 무엇 하겠는가, 입으로 말로만 나불대는 사람들과 사귀게 되면, 도리어 미움을 받게 된다고 말했다.

   케이비에스에서 하는 〈1박 2일〉이라는 프로가 있다. 너무 오래 방영되어 선뜻 마음 가는 프로는 아니지만, 김종민이 나오면 채널을 곧장 바꾸지 않고 잠시 시청하기도 한다. 이 친구는 초창기 때부터 나오는 유일한 친구다. 강호동이나 이승기 등 인기 있는 연예인도 아니고 항상 바보같이 실없이 웃고 다닌다. 그는 존재감도 없는, 구성원의 1인에 불과했다. 그는 12세에 높은 곳에서 뛰어내리다 뇌진탕을 입어 이때부터 공부에 의욕을 잃어 어리바리한 모습으로 생활해 왔다고 한다. 머리도 괜찮은 아인데….

   지금 그가 출연하는 프로만 보아도 〈미운 우리 새끼〉 〈연애의 맛〉 〈놀면 뭣하니〉 등 안 끼이는 프로가 없다. 사람 마음이 다 같은 것이, 다들 똑똑하게 날뛰는 세상에 바보처럼 살아가는 종민이가 더 귀엽고 보듬어 주고 싶어서일 것이다.

　미얀마 말로 '밍글라바'가 있다. '안녕'이라는 뜻이다. 그러나 이 말이 뿜어내는 말의 뜻은 무궁무진하다. 일반 인사는 물론이고, 길을 물어도, 시장에서 흥정을 하는 데에도 밍글라바 한 마디면 다 통한다고 한다. 최빈민국에 속하지만, 기부지수는 세계 1위라는 미얀마 사람들! 어느 나라 사람들을 만나도 웃음 지으며 맞아 준다고 한다. 그래 이들을 일러 '천년의 미소'를 간직한 사람들이라는 이유를 알 만도 하다. 지금은 군사정변으로 나라가 혼란스럽지만 머지않아 부처님의 자비심이 내리지 않을까 싶다.

　"말이 많으면 궁지에 몰리는 법" 노자의 도덕경(제5장)에서 유래된 다언삭궁多言數窮, 그리고 "화살은 쏘고 주워 쓸 수 있어도, 말은 다시 못 줍는다."는 경구가 생각나는 요즘이다.

Chapter 1

노을역

  서민들의 발이었던 무궁화호가 이용객이 적은 적자 노선인 탓에 해마다 운행을 줄여간다. 이에 따라 폐쇄되는 낡은 목조 간이역은 점차 추억을 뒤로한 채 역사의 뒤안길로 사라져 간다. 반면에 노인들이 거닐다 잠시 쉬어가는, 의자 두어 서너 개가 놓인 길가의 쉼터는 점점 늘어나고 있다.
  잠시 쉬어가는 이 기착지를 노인들을 연상케 하는 '노을역'으로 명명命名했다. 단지 일반 시민들이 이용하는 번화가가 아닌, 골목 등 외진 곳의 쉼터를 주로 노을역의 범주에 넣었다.
  노인들이 몇 명 앉아서 "그 의자 참 좋네. 누가 갖다 놓았노." 하며 식순도 축사도 없이 개통식을 대신하였으리라. 이 노을역은 장애인도 가끔 이용하지만 주로 노인들이 애용한다.

거리를 걷다 보면 관절이나 허리 등이 부실한 노인들이 거리 곳곳에 놓여 있는 의자에 잠시 쉬다 다음 노을역으로 떠나간다. 노인들은 목적지에 한걸음에 달려가지 못하고 중간의 노을역에서 잠시 몸을 추스른 다음에 또 다른 노을역으로 발길을 옮긴다.

나도 한때는 종아리 통증으로 이 노을역을 이용한 적이 있다. 종아리가 아프기 전에는 이 노을역이 어디에 있는지조차 몰랐다. 그때는 길가의 노을역뿐만 아니라 단골 약국의 편의역과 화강암으로 동그랗게 깎아 놓은 계단 표지석을 임시 역으로 이용하기도 했다. 노을역의 덕을 톡톡히 본 셈이다.

간이역은 복잡한 동네는 피하고 허허벌판이나 산자락의 후미진 곳 등 사람의 내왕이 거의 없는 곳에 설치되어 있다. 역무원이 아예 없거나, 있다 해도 한 사람뿐이다. 대합실에는 승객 몇 사람이 마주 보며 숨소리도 들을 수 있는 포근한 역사인 데 반해, 노을역은 간이역처럼 일정한 장소에 한정되지 않고 노인네들의 왕래가 잦은 골목은 물론 시장통 등 복잡한 곳에도 설치되어 있다.

내가 사는 곳에서 멀지 않은 중앙시장만 하더라도 인근 다방 근처에 시장 오고 가는 할머니들이 이용하는 노을역이 있다. 궁둥이만 살짝 붙일 수 있는 식탁 의자 두어 개가 전부인 초라한 역이다. 또 냉면 가게 주변 역에는 강아지 집과 함께 접이식 의자 한 쌍이 놓여 있다. 이와 달리, 옛 동사무소 근처에 있는 역에는 의자가 낡기는 해도 등받이 의자와 고급인 안락의자도 놓여 있다.

　눈여겨보니 노을역도 빈부의 차가 극심하다. 거리에 따라 동네에 따라 다 달랐다. 아무래도 차량이 질주하는 번화가에 있는 노을역의 의자는 더 낡고 충충했다. 어떤 의자는 삐걱거리기도 했다. 그런데 부자 동네의 의자는 등도 펼 수 있는 폭신한 의자도 있었다. 화분을 한두 개 갖다 놓는 등 치장을 한다면 마음 놓고 담소도 나눌 수 있으리라.

　길가 어느 곳이나 임시방편으로 노인들 스스로 만들어 놓은 노을역은 허술하기가 이를 데 없다. 날이면 날마다 먼지와 햇볕과 거센 비바람을 맞느라 빛바래지고 있기 때문이다.

　음양으로 이해가 닿는 기관에서는 이 대중없이 늘어나는 노을역을 바라만 보고 있을 것이 아니라, 곳에 따라 천장과 가림막도 설치해 주고 의자도 성한 것으로 새 단장을 해 준다면, 이 노을역도 새마을 사업처럼 전국에 널리 퍼지지 않을까 싶다.

　서민들의 발이었던 비둘기호와 무궁화호의 승객이 잠시 쉬어가던 간이역은 소리도 없이 사라져 가고 있는 반면에, 노을역은 우후죽순처럼 늘어나고 있으니 세상만사 새옹지마塞翁之馬임에 틀림없다.

Chapter 1

잃어버린 낭만에 대하여

지금은 무엇이나 크고 으리으리하게 분칠한 것을 좋아한다. 카페도 고풍스럽게 장식하여 클래식 선율이 조용히 흐르는 분위기 있는 곳이라면 몇십 리도 찾아간다. 두 사람이 살 집도 30여 평이 되어야 만족한다. 우리에게는 토지공개념 같은 이념이 통하지 않는다. 있는 사람은 대형백화점이나 마트에서 쇼핑을 하지, 동네 마트는 달가워하지도 않는다. 나이트도 다르겠는가. 요사인 가보지 않았지만 무대가 온통 휘황찬란하리라.

70~80년대만 하여도 대형 나이트가 있었지만, 골목에 있는 작은 회관의 인기에 따르지 못하였다. 이곳은 주대도 저렴할 뿐만 아니라 한 달에 두어 세 번은 유명 가수나 탤런트 등 연예인들을

만날 수도 있었다.

모든 일이 노력하지 않으면 사그라지기 마련이지만, 그냥 배워서 놀리면 얼마 안 가서 스텝이 꼬여 더듬게 되는 것이 사교춤이다. 그러니 반드시 시야게(끝손질)를 제때 해주어야 춤이 몸에 밴다.

내가 운동한 체육관에는 목공, 오토바이 수리공과 양복점 시다(견습공) 등 기술직에 종사하는 소년공 출신이 많았다. 이들은 양춤을 약간 배워 시야게에 목을 달아맸지만 주머니 사정이 여의치 않으니 발만 동동 구르다가, 무대에 설 자리를 만들어 주면 박수치며 반겼다.

운동을 한 후 소주로 1차를 하고 나면 분위기가 들뜨기 마련이다. 이때 내가 종종 데리고 가는 곳이 동백 골목에 있는 D회관이었다. 이 회관은 동백 골목에서는 홀이 제일 넓고, 주점도 많은 번화가에 자리 잡고 있어, 젊은이들이 어깨를 내저으며 걷고 싶은 곳이었다.

이 회관에는 친구 한의사의 애인인 K양이 분점 하나를 얻어 술장사를 했다. K양은 현역에서 은퇴한 댄서 출신인데도 촌뜨기 색시처럼 어질고 착했다. 이런 성품과는 달리 장사 수완은 고단수였다. 단골에게는 기본으로 나오는 술과 안주 외에, 추가로 술을 주문할 때 안주는 자기가 손수 마련한 강냉이튀밥이나 김 등을 공짜로 내어놓기도 했다.

특히 안면이 단단한 나 같은 고객에게는 남이 보는 앞에서 외상 장부를 들추지도 않았다. "K양, 인자 간다." 하면 그만이었다. 체육관 동료들은 술값 시비 없이 뒤처리를 깔끔히 하는 나를 한없이 부러워했다.

보통 춤판에서는 고고 가락이 울려 퍼지면 관객 모두가 무대에 올라 자유자재로 익힌 춤 솜씨를 뽐내며 놀다가도 블루스나 지르박 곡이 나오면 도망가기 일쑨데, 나는 피하지 않고 댄서와 우아하게 춤춘다. 이러한 나를 친구들은 도사인 줄 알지만 나는 정식으로 춤을 배운 적은 한 번도 없다.

친구들은 어리숙한 나를 모임을 만들 때마다 불러들이는 바람에, 돌아서면 또 만남이 이어졌다. 자연히 댄서와 접해보는 일도 잦았다. 노련한 댄서는 귀엣말로 "내 하는 대로 그냥 따라오면 됩니다."며 리드를 했다. 그 동작에 몇 번 따라하다 보니 어떤 무대라도 겁을 집어먹지 않게 되었다.

내 동창 중에는 한의원과 약국 그리고 자동차 배터리 정비업을 하는 친구가 있었다. 나는 이들과 접하는 모임도 많은데다, 인근에 사는 덕분에 밤무대도 자주 따라다니며 이곳의 분위기와 에티켓도 터득하게 되었다. 이들 셋 중에 스텝을 밟을 줄 아는 친구는 한의사 친구가 유일했다. 자기 집 지하 홀에서 기초를 배웠기 때문이다.

어느 땐가 경북 영천 군문에 있는 친구 장로 장립식에 함께 갔다가, 이곳에서 머지않은 경주에 한번 들러 가자는 말에 다들 마음이 동해 경주 나이트에 얼굴을 내밀었다가 낭패를 당할 뻔한 일도 있다.

　우리가 찾아간 나이트는 경주에서도 이름난 무도장이었다. 홀 입구에 이르자 기도가 정중히 우리를 안내했다. 그가 안내한 홀은 운동장만치 넓고 컸다. 그날따라 손님이 적은 홀은 더 한층 크게 보였다. 우리는 주눅이 들어 김빠진 맥주를 들이켜며 물끄러미 무대만 바라보고 있는데, 검은색 실크 무대복을 입은 댄서가 드레스 자락을 하늘거리며 제비처럼 날렵한 신사와 사뿐하게 스텝을 밟으며 우리 앞을 지나갔다. 그들 몇 쌍은 그 나이트에 고용된 춤꾼 같았다. 그들은 우아하게 춤추며 우리들 가슴을 더 얼어붙게 만들었다.

　그날 서울에서 온 친구가 있어서 망정이지 그러지 않았더라면 입만 축이고 나올 뻔했다. 서울 친구가 댄서와 멋들어지게 스텝을 밟으며 홀 중앙으로 나아갔다. 다음 차례는 춤에 갓 입문한 한 의사 친구였다. 그 친구는 멋들어지게 노는 춤꾼들에 야코 죽었는지, 아무리 부추기어도 꼼짝달싹하지 않다가 간신히 우리 앞에서 몇 번 뱅뱅 돌더니만 그만 가자며 옆구리를 쿡쿡 찔러댔다.

　우리가 원했던 나이트는 휘황찬란한 조명 아래 무대가 빙글빙글 돌며 그 아래서 황홀경에 젖던 일반 무대인 줄 알았는데, 너무나 큰 무도장에서 반쯤 어리다가 나왔다.

세월이 많이 흘렀다. 술과 여자는 젊었을 때 말이지 나이 들면 멀리하게 마련이다. 잘 나가든 K양도 그곳을 떠나 진해 동부지역 가로등도 희미한 골목에 방을 얻어 추억을 팔았다.

안주는 으레 속이 시원한 조기매운탕이나 동태탕을 만들어 주었다. 소주 두 병에다 싱싱한 오이를 채 썰어 넣은 양은 주전자의 술을 돌리며 건배 건배를 합창했었다.

50년도 더 지나간 세월이라 추억도 희미하다. 세 친구 모두 앞서거니 뒤서거니 하며 세상을 떴다. 나만 외로이 혼자 남았다.

외상값 갚으러 봉급날 초저녁에 들르면 맥주 두어 병 내어놓고 입가심하며 "오늘은 장사가 좀 되어야 할 텐데, 요즘은 손님이 통 없어요."하며 눈을 흘기던 K양, 지금은 어디서 무얼 하고 있는지 자못 궁금하다.

나는 이 글을 천상에 있는 친구들에게 어떻게 부쳐줄까 궁리 중이다.

Chapter 1

마음 산책

마음 하니 떠오르는 시구가 '내 마음은 호수요, 촛불이요, 나그네요, 낙엽이오.'이다. 김동명의 시 〈내 마음은〉에 나오는 이 시는 사랑의 기쁨과 애달픔을 노래한 아름다운 시다.

그간 나는 세월을 무심히 보내다가, 얼마 안 있으면 꺼질 촛불이요, 오늘 아니면 내일 떨어질 낙엽이라 그런지, 이 시의 각 연서두에 나오는 시구에 항상 마음이 꽂힌다.

마음이란 것이 참 묘해서 부처님이나 예수님 면전에서 기도하면 고요하다가도 돌아서기가 바쁘게 마음의 꺼풀에는 잔물결이인다. 유혹에 어쩌지 못하고 흔들리는 마음의 작태다. 나는 이렇게 내 마음의 고요도 이루지 못하고 살다 보니, 성격도 예민해져

툭하면 성도 잘 내고 아집도 달래지 못하고 살아간다.

미국 로키산맥의 해발 3,000미터 높이에는 수목한계선이라는 것이 있다고 한다. 나무가 살 수 있는 높이의 한계인 셈이다. 이 부근에서 무서운 바람과 추위를 이겨내고 살아남기 위해서는 무릎을 꿇듯이 낮은 자세를 취하여야 한다. 이 세상에서 제일 소리 공명이 잘되는 명품 바이올린은 이 수목한계선에서 자라는 '무릎을 꿇은 나무'로 만들어진 것이라 하니 의미심장하다.

우리도 이 혼탁한 세상을 살아가기 위해서는 이 무릎 꿇은 나무처럼 탐욕은 가감 없이 내버리고 '참마음'만 오롯이 가진다면, 진정한 소통이 이루어지고 남을 미워하는 존재가 아니라, 나를 키우는 존재라 여기며 살게 되지 않을까 생각이 들기도 한다.

바다가 잠잠하면 숭어가 뛰어오르고, 호수가 잠잠하면 소금쟁이가 걸어 다니듯이, 내 마음이 잠잠해지면 인정이 샘솟고 사랑이 피어오르지 않을까 싶다.

우리는 그간 잦은 변란과 지역 간의 갈등 등으로 서로 미워하며 등 돌려 살다 보니, 어느새 마음이 비좁아져 고마움과 인정이 깃들이지 못하였다.

김수환 추기경은 세상을 떠나기 전에 '고맙습니다.'란 말을 마지막으로 남겼다고 한다.

그 '고마움'은 남이 베풀어 준 호의나 도움에 대해 흐뭇해하고 즐거워하는 마음의 표시이다. 이렇게 고마워하는 마음이 생기면 감사하고 싶어지고, 감사하는 마음이 생기면 고마움을 느낀다. 동전의 양면같이 고마움과 감사함의 뿌리는 하나이기 때문이다. 고개만 살짝 숙여도, 가슴을 조금만 내려놓아도 오만 것이 들어올 텐데, 나는 오늘도 내 마음을 다독이지 못하고 경계를 치고 살아간다.

"마음의 부하가 되지 말고 마음의 주인이 되어보라."는 말도 있다. 마음의 부하는 주인이 시키는 대로 행동하지만, 마음의 주인은 주인 노릇을 하기 위해 흔들리는 마음을 다잡아 살아가기 때문일 것이다.

무릇 고마움과 감사함은 내 마음먹기에 달려 있으니 까짓것 못할 일도 아니지 않느냐. 은근슬쩍 내 마음을 건드려 본다.

Capter 2
—
인생을
허허롭게

황국현 作 〈축제〉

도시에 사는 입이 짧은 조카에게 먹이려고
며느리 몰래 고구마 몇 개를 품속에 숨겨 가져오는
종숙모님의 사랑을, 잊으려야 어찌 잊으리오.
면장님의 고명딸이기도 한, 마음씨 고운 그 숙모님은
항상 며느리에게 져주고 살았다.
결기가 센 며느리를 잘 부리는 용병술은
지고 사는 일이란 걸 일찍부터 터득한
당신의 지혜가 아닐까 미루어 짐작이 간다.

— 〈떠나가는 고향〉 중에서

Chapter 2

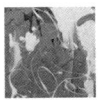

시장통에 살면서

나는 진해중앙시장과 지척 거리인 제황초등학교 인근에 산다. 중앙시장은 경화 오일장과 더불어 시내에서 제일 큰 시장이다. 해군의 큰 부대가 타 지역으로 이전하기 전에는 제법 활기가 넘친 시장이었다.

일반 재래시장이 그렇듯이 지금 의복류 등은 이미 사양길로 접어들였고, 고무신, 운동화 등 신발을 펼쳐놓고 아이와 엄마를 기다리던 난전도 대부분 사라지고 없다. 수산물과 육고기, 과일과 찬거리 그리고 떡이나 부침개 등을 파는 식료품 위주의 시장으로 근근이 명맥을 이어가고 있다.

시장 하면 어느 시장 할 것 없이 이름난 돼지국밥집이나 국숫집 등 음식점이 많고, 사과, 배, 복숭아 등 싱싱한 과실 등을 골라 사는 재미가 쏠쏠한 곳이 전통시장이다.

시장 현대화가 되기 전, 친구들과 시장 우물가의 낮은 나무 의자에 제비 새끼처럼 나란히 앉아 국수를 먹은 기억이 어제 일처럼 생생하다. 멸치와 다시마 우린 국물에 오이나 부추나물 두어 젓갈에 계란 고명이 전부였지만 지금도 그 맛을 잊지 못한다.

주인 할머니는 남자 체면 세워 주느라, 미국 원조 마크가 그려진 밀가루 부대로 만든, 반 가림막이 쳐진 자리에 앉혀 주었다. 얼굴은 보여도 바람이라도 불면 국수에 잡티가 들어가지 말라는, 진객들의 자리였다.

요 몇 년 사이에 중앙시장에도 많은 변화가 일어났다. 시장 들머리에 대형 마트가 들어서기가 바쁘게 근처 구멍가게가 소리 없이 사라졌다.

중도매인 간판을 달고 각종 채소와 과일 등을 파는 가게가 몇 군데 새로 생겨났다. 이들 가게는 물건도 최상품으로부터 흠은 좀 있어도 먹는 데는 아무 탈 없는 물건에 이르기까지 구색도 다양하고 값도 쌌다.

주차장 근처 농산물 간판을 단 과일상회는 한때 시장에서 과일상사로 불릴 정도로 우뚝했다. 농산물 집합소처럼 큰 가게에는 과일이란 과일은 없는 것이 없었다. 곱게 포장을 한 선물용도 많았다. 과일 배송차가 한 달에도 몇 번씩 드나들었다. 그렇게 붐비던

가게가 지금은 농익은 향내만 품고 있다. 길 건너 도로변에 대형 슈퍼가 들어서고, 시장에도 장사에 능한 상인이 가게를 열어 이문도 많이 부치지 않고 손님을 불러 모으고 있기 때문이다. 요즘 지나다 보니 이 가게가 흥청거렸을 때가 언제였던가 싶을 정도로 손님의 그림자도 찾아볼 수가 없다. 앞으로 얼마간이나 더 버텨 나갈지 자못 궁금하다.

지금의 중앙시장에는 길 하나를 사이에 둔 종묘상 두 집이 있다. 늙은이와 젊은이가 주인인 것 말고도 판매 전략 또한 판이하게 달랐다.

한 집의 나이 든 여주인은 항상 개량 한복 저고리에 몸뻬바지를 입었다. 봄철이면 농약보다는 상추, 겉절이용 배추, 오이, 토마토, 고추 등의 모종 팔기에 더 바쁘다.

박연구 수필 〈바보네 가게〉가 콩나물 같은 건 이윤을 보지 않고 딴 가게보다 훨씬 싸게 주어, 다른 물건도 싸게 팔 것이란 인상으로 장사를 잘했듯이, 이 늙은 여주인도 그런 상술을 쓰는지는 몰라도 주문량에 몇 개 더 얹혀주는 것을 다반사로 했다. 잠을 많이 잔 모종은 그냥 집어주기도 했다. 그녀의 가게는 날이면 날마다 손님으로 붐볐다.

한 길 건너 젊은 부부가 경영하는 종묘상에는 봄철에 심을 채소류 모종뿐만 아니라 아네모네, 베고니아, 히아신스 등 예쁜 꽃모종도 깔끔하게 전시해놓았다. 그들은 젊은이답게 친절은 몸에 배었지만, 계산만큼은 철두철미했다. 팔다가 모종 틀에 두어 서너 개 남는 것이 있으면 떼어내기 바빴다. 이 가게는 상추, 가지, 쑥갓 등의 모종은 한 줄 이상은 사지 않는, 앙증맞은 꽃모종에 호들갑을 떠는 젊은 여인들만 드나들었다.

금은방과 화장품 가게 앞에서 채소류 난전을 펴고 있는 파파할머니는 코로나로 손님이 끊긴 요즘도 재미가 짭짤하다. 금방이나 화장품 가게를 드나드는 손님들 눈높이에 맞는 좋은 물건에다 값도 괜찮게 매겨 팔았다. 이 할머니는 나름대로 소비자의 심리를 꿰뚫고는 물건 차별화에 성공한 셈이다.

이 중앙시장에 드나드는 고객은 아직은 중년의 여인들이 많다. 이들은 고향의 어머니처럼 나이 든 노인네들이 손수 가꾼 시금치나 애호박, 깻잎 등 푸성귀들을 주로 사 간다. 이들은 난전의 고향 어르신으로부터 부모님의 안부를 묻기도 한다. 시장은 이렇게 물건뿐만 아니라 고향의 소식도 물어 날랐다. 핸드폰이 많이 보급되어 있다고는 하나 오래도록 해수병이나 관절염 등을 앓고 사는 친정 부모들의 숨결까지 다 전할 수는 없기 때문이다.

또한 딸린 입이 많은 가난한 어머니에게는 거밋거밋한 무며 감자 등을 늘어놓고 파는 시장 난전이 그네들의 입이 아닌가.

대형 마트나 편의점 등은 매겨놓은 값대로 상품을 판다. 이와 달리 재래시장은 콩나물 한 움큼, 멸치 몇 마리라도 더 얹어주는, 손이 큰 여인들이 많다.

잔돈 몇 푼 쥐고 난전을 두어 서너 바퀴 돌아볼 수 있는 곳, 이곳엔 꼬장꼬장하면서도 속도 깊고 인정 많은 할머니 상인들이 아직도 많다.

Chapter 2

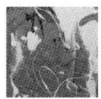

종아리 병상 일지

 태어나 처음 휠체어를 탔다. 멀쩡한 사람이 휠체어를 타니 주위의 시선이 따가웠다. 유모차나 휠체어는 건강을 등한시한 노인들만 타는 줄 알았지, 운동이라면 사족을 못 쓰는 내가 탈 줄은 꿈에도 생각하지 못했다.
 어느 날 갑자기 왼쪽 종아리가 아파왔다. 처음에는 운동을 많이 하여 가래톳이 선 줄 알았다. 그까짓 가래톳은 평소대로 운동하면 없어지는 줄 알고 다시 팔굽혀펴기며 아령을 들고 소방도로를 가볍게 뛰기 시작했다. 며칠이 지났는데도 통증은 가라앉지 않았다.
 세 곳의 병원을 전전하며 MRI도 찍고 물리치료를 받으며 약을 먹어도 차도가 없었다. 날이 가면 갈수록 종아리가 더 아려왔다. 번데기처럼 몸을 둥글게 오므려야만 겨우 통증을 면할 수가 있었다. 나중에는 일어서지도 못했다.

다급해 창원의 큰 병원을 찾았다. 도착하자마자 근육이완제와 영양제 링거 각 한 병을 맞고 약 한 첩을 먹으니, 다음 날 엉거주춤이나마 일어설 수 있었다. 그다음 날에 허리를 반듯이 펴고는 링거대를 잡고 복도를 세 바퀴나 왕복했다. 그리하여 입원한 지 4일 만에 꼿꼿이 서서 병원 문을 나서게 되었다.

자동차 적성검사용 사진을 찍는다. 사진관 기사는 "고개를 오른쪽으로 펴시지요." 한다. 초등학교 졸업사진을 보더라도 고개가 왼쪽으로 기울어져 있다. 숫기가 없는 나는 사나이답게 목 고개 하나 반듯이 펴지 못하고 평생을 삐뚜름한 자세로 살아온 것 같다.

종아리 저림의 원인은 척추강 협착증을 동반한 허리 디스크였다. 그런 증상이 있는 데에도, 무거운 역기를 목 뒤에 걸치고 일어서고 앉기를 반복했다. 화약을 지고 불길에 뛰어든 격이었다. 담당 의사는 당분간 걷기운동을 하는 것 말고는 다른 운동은 일체 하지 말 것을 신신당부했다.

나는 어릴 때부터 병약했다. 결국 고등학교 2학년 때는 휴학하기에 이르렀다. 50대 후반, 다른 사람 같으면 한창땐데, 나는 그때까지도 건강이 여의치 못했다. 그 편치 않은 몸으로 직장의 구조

조정 업무까지 떠맡으니, 갑자기 가슴이 답답하고 어지럼증까지 왔다. 병원을 찾으니 의사는 고개를 갸우뚱하더니 심장병이 의심된다. 이때 잡아야지, 잘못하면 뇌졸중의 위험이 올 수도 있다. 그러니 일도 일이지만 건강이 제일 중요하지 않느냐며 정양하기를 정중히 권했다. 그리하여 자식 세 놈과 나까지 대학생이 4명이나 되어 살림이 빠듯한 데에도 망설임 없이 명퇴하고 말았다.

나는 어릴 때부터 만신이 허약해 매사에 주저주저하며 살았다. 그래서 건강한 신체를 갖는 것이 평생의 원이었다. 체육관에 나가서도 죽기 살기로 운동을 했다. 주먹 단련만 해도 손등에 피가 나도록 각목을 내리쳤다. 집에서도 역기는 물론이고 왕 주먹만 한 아령도 매일 들었다. 체육공원에 가서도 거꾸로 매달리기, 공중걷기 등 공원에 설치해 놓은 운동기구는 하나도 빠뜨리지 않고 매달리었다.

특히, 윗몸일으키기 운동은 상체를 앞으로 일으키는 과정에서 디스크 탈출증이 악화될 수도 있어, 상체를 절반 정도만 들어주어야만 하고, 허리 돌리기 운동은 척추에 무리가 올 수가 있으므로 몸 비트는 각도를 작게 해야 안전한데, 나는 이런 점에 개의치 않고 운동량 늘리기에만 급급했다. 다리를 앞뒤로 살살 내젓거나 걷기 등 가벼운 운동은 성에 차지도 않았다.

그리고 노년이면 컴퓨터도 30~40분 하고는 주저앉은 자세를 곧추세우고 허리를 펴주어야 하는데, 나는 한 시간, 두 시간 컴퓨

터와 씨름하기를 예사로이 했다. 이렇게 과격한 운동과 나쁜 자세는 결국은 종아리 통증을 불러왔다.

나는 다행히 당뇨가 없고 가볍게 뛰어도 아직 숨차지 않으니, 당분간 건강 유지하는 데에는 별 무리가 없을 성싶다.

오늘 드디어 주치의가 회진하면서 물리치료 후 퇴원하라고 일러주고 갔다. 식당 밥맛도 좋고, 환우患友들과 눈인사도 나누며 정이 들었는데, 막상 떠나려니 발걸음이 떼지지 않는다.

예전에는 특실이나 1, 2인실이 아닌 다인실이면 쉴 새 없이 문병객이 드나들며 소란을 피우니, 병실은 몸을 추스르기는커녕 입원하는 내내 고역의 나날이었다.

그런데 요즘 병실은 실내 전체를 개방해 놓은 예전의 병실과는 달리, 하늘거리는 미색의 커튼을 개별로 쳐놓아 원룸처럼 아담하다. 코로나 확산을 방지하기 위해서 문병객의 병실 출입을 막고, 밤 10시면 가차 없이 소등하니 입원 환자가 거처하는 병실은 적막강산이나 다름없었다.

내가 입실한 자리가 병실의 제일 안쪽 창문가였다. 코로나로 인한 경기의 불황을 말해주듯, 밤이면 거리에는 한 사람의 그림자도 찾아볼 수가 없고, 노래방과 호텔 간판의 희미한 불빛만이 노인의 심상心想처럼 흐늘거리고 있었다. 종아리처럼 고장 난 불면의 밤이었다.

Chapter 2

팔자타령

 길거리를 거닐다 보면 개를 데리고 다니는 노인이나 젊은이를 자주 만난다. 젊은 아가씨는 아예 가슴에 품고 다닌다. 어느새 개가 사람보다 더 사랑을 받는 세상이란 것을 실감하게 된다.
 개들의 용품 몇몇 가지를 보더라도 사람들의 생활용품은 저리 가라 할 정도로 고가인 것이 많다. 개밥그릇이 30만 원, 치석 하는데 87만 원, 개 침대도 70만 원이나 하는 것도 있단다. 사람인들 이렇게 호사를 누리고 사는 이가 얼마나 될까를 생각하면 아연 놀라울 따름이다. 어쨌거나 지금은 개, 고양이, 카멜레온 등 애완동물의 팔자가 사람의 팔자보다 나은 세상이 되어버린 것을 은연중에 느낀다.

우리 동네 열 살쯤 먹은 캐나다산 '리트리버'란 개는 덩치가 송아지 새끼만 하다. 젊은 여주인은 자꾸만 덩치가 불어나니 혹시 당뇨나 고혈압 그리고 심장병 등에 걸릴까 걱정이 되어 그런지, 마당에 나오기만 하면 개부터 먼저 살핀다. 그 개가 강아지일 때, 개 주인은 운동을 시키느라 진해루에 종종 데리고 나왔었다. 첫돌을 막 지난 손자 놈이 그 강아지를 만나면 꼬리를 잡아 보려고 뒤뚱거리며 따라가면, 이 녀석은 나 잡아 보란 듯 꼬리를 살래살래 흔들며 잘도 내뺐었다. 지금은 나이를 많이 먹어서 그런지 종일 집 마당에 코를 박고 엎드려 있다. 요즘 그 집을 지나다 보면 대문 옆 담벼락에는 다음과 같은 큼지막한 안내문이 붙어 있다.

"저희 애견이 병원에서 비만 진단을 받고, 필요한 양의 밥과 간식으로 체중을 관리하고 있으니 먹다 남은 음식 주는 것 참아 주세요."란 호소문이 자못 진지하다.

이러한 애완동물들과 달리, 해방 공간에 태어난 노인네들은 그간 고생을 많이 하며 살아서 그런지, 대개 팔자걸음을 걸으며 시내를 배회하는 모습을 보노라면 가여운 생각이 든다.

지금은 농촌이라도 폭신한 깔개에 앉아 새참 자주 들며 일하지만, 그 시절에는 이랑 긴 밭도 종일 쪼그리고 앉아 일하다가 해가 서산으로 넘어가서야 허리를 폈다. 밭을 쪼거나 산언덕을 깎는 일도 맨손과 곡괭이 한 자루면 다 해냈으니 그들의 고단한 삶은 말로써 다하지 못한다. 그렇게 몸을 혹사한 후유증은 클 수밖에 없

Chapter 2

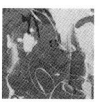

잿빛 예찬

　신문에 난, 김민정의 아주 작은 수묵화 한 점을 보고 있다. 형제 봉우리들이 옹기종기 모여 있는 모습이다. 제일 뒤편에 있는 봉우리는 하늘에 닿은 듯 희부옇다. 섬이 섬을 안고 있는 모습이 안온하듯이, 엄마 산이 새끼 산을 품고 있는 그림은 포근하고 따뜻하다.
　요즘 나는 수묵화 보기를 좋아한다. 화집을 받으면 수묵화부터 먼저 살핀다. 이들 중 사군자의 하나인 대나무나 난초를 친 수묵화보다는 산수풍의 수묵화를 즐겨본다. 이 수묵화는 고요하고 담백한 정적인 세계가 화폭 그윽이 펼쳐져 있기 때문이다.
　수묵화의 바탕색이기도 한 잿빛은 있는 듯 없는 듯 자기를 잘

드러내지 않는 색이지만, 자세히 들여다보면 잿빛의 생애만큼 자기희생적인 삶도 없다.

우리가 사는 세상은 파랗게, 노랗게, 빨갛게 자기 얼굴을 내미는 유색의 경연장인데, 잿빛은 한발 물러나 질펀한 세상의 온갖 허드렛일을 하면서 이들 유색들을 받쳐주고 있으니 얼마나 위대한가.

불을 밝혀주는 전봇대가, 이동의 수단인 도로가 잿빛이기에 망정이지, 총천연색으로 도장되었다면, 내비게이션이 있다 한들 시각적으로도 혼란스럽지 않겠는가.

일출 광경은 장엄하다. 처음에는 먼 산의 산불처럼 불꽃이 어렴풋이 띠를 두르고 번져나가다가 마침내 둥그런 불덩이가 되어 이글이글 불끈 솟아오른다. 순간 찌든 마음의 혼탁을 잠시나마 정화해 준다.

일몰도 햇살이 기울었다고 그냥 슬며시 넘어가지는 않는다. 장쾌하고 찬란한 광경을 보여주고 나서야 서서히 어둠 속으로 사라진다.

이렇게 해가 뜨고 짐의 배경에는 끝없이 펼쳐진 잿빛 하늘이 있다. 이런 '자연 현상의 과정'들이 어느 하나 소중하지 않은 것이 없지만, 무대를 만든 잿빛이야말로 화색化色 중의 화색이라 하지 않을 수 없다.

젊었을 때 잿빛은 안중에도 없었다. 그때는 벚꽃 봉오리가 분홍

색을 띠기 시작하면 가슴이 설렜고, 붉은 장미를 보면 가슴이 달아올랐다. 특히 푸른 가을 하늘을 보노라면 멀리멀리 날아가고도 싶었다.

그러다가, 자식 다 떠나보내고 우리 내외만 남았을 때 담백한 색인 잿빛이 보이기 시작했다. 잿빛은 담백하고 소박한 색이다. 이 천으로 옷을 지어 입으면 사람 눈에 잘 띄지도 않는다. 마음도 담담해진다.

그래선지 옛날부터 노인들은 회색 두루마기를 즐겨 입었고, 안노인들도 회색 치마저고리 입기를 좋아했다. 이 옷을 입으면 기품도 있어 보인다.

스님이 잿빛인 가사 장삼을 입는 뜻도 다른 사람에게 복받이 되고 공덕의 의미가 있어서란다.

잿빛은 본래부터 있었던 색이 아니고 자기 본분 다하고 사라지기 직전의, 희끄무레한 빛이 아닐까 할 정도로 개성이 없는 색깔이다.

연두색을 페인트칠한 집도 3, 4년 지나면 잿빛으로 변하고, 까만 아스콘을 바른 도로도 몇 년 지나면 희뿌연 잿빛으로 변해 다시 포장하니 말이다. 또한 도장한 집 외벽을 보더라도 위쪽은 연분홍 등 밝은색을 칠하고 아래쪽은 잿빛인 회색을 칠한 집이 많다. 다른 색을 위에 앉혀 도드라지게 낯을 내준, 잿빛의 너그러움이다.

잿빛은 이렇게 숫제 자기 색깔을 앞세운 주장을 관철하려 들지 않고, 무욕으로 자기 생을 보시하며 살기를 작정한 듯, 앞에 나서기보다는 주로 뒷전에만 머물렀다.

보통 빛깔들은 나름의 이미지를 가지고 있다. 빨강은 열정을, 파랑은 지혜를, 그리고 녹색은 생명을 상징한다. 잿빛은 자기 이미지를 고수하는 이들 빛깔들의 부류에 끼이지는 못해도, 호수와 같이 넓고 고요한 빛깔이 아니던가.

긴긴 겨울밤, 나지막한 농가의 굴뚝에는 군불을 지피고 나는 희뿌연 연기가 스멀스멀 피어오르다가 가만가만히 내려앉는다. 잿빛의 정중동이다.

모든 생명체가 자기의 온몸을 불꽃처럼 다 태우고 난 뒤, 재로 사라지는 고고한 정수의 빛이 잿빛이다. 그래서 인공으로 만든 회색에도 그 배경에는 이런 위대한 희생이 잠재되어 있음을 간과해서는 아니 된다. 자기희생이 없이는 진정한 '세상의 빛'이 될 수 없기 때문이다. 그래, 화려하지 않지만 착한 선은 색이 아니라 빛이란 걸 잿빛을 통해서 알게 되었다.

우리 인간의 궁극적인 목표는 자유에 있다. 자유에 이르기 위해서는 물질에서나 정신에서 자유로워야 한다. 그러지 않고 소유의 집착과 명예 등 온갖 관계에 얽매일 때는 회색 인생을, 자유로울 때는 참다운 인생 즉, 잿빛 인생을 산다고 말할 수 있을 것이다.

손수 지은 외딴 오두막에 방석 하나 호롱불 하나로 무소유의 삶을 보여주신 법정 스님은 잿빛 인생의 귀감이라 할 수 있을 것이다.

그간 우리는 온갖 것을 가지는 것만이 인생의 전부인 양 살아왔다. 이제는 이웃의 아픔도 슬픔도 함께 나누다가 잿빛 하늘로 떠나감이 어떨까 한다. 잿빛은 어머니가 두 손 벌려 자식을 품듯 모성적인 빛깔이다. 무한정 펼쳐진 잿빛 하늘을 보노라면 한없이 그윽하다.

Chapter 2

김 서방과 정 서방

사위는 어느 집안에서도 칙사 대접을 받는다. 오랜만에 온 사위에게는 씨암탉까지 잡아주는 데가 처갓집이다. 딸을 잘 부탁한다는 마음에서일 것이다.

그런데 우리 내외 종간 모임의 사위는 칙사 대접은 고사하고 여행지 사전 답사와 운전 등 온갖 일을 뒷바라지하는 심부름꾼이고 가이드였다. 한 사람은 과묵하며 친밀한 성품의 김 서방이고, 또 한 사람은 좀 거친 면이 있기는 해도 모임의 짐 나부랭이 등 잡다한 것은 혼자서 화끈하게 해치우는, 덩치도 있고 힘센 정 서방이다. 이들 두 췌객贅客은 우리 내외종 모임의 기둥 역할을 했다. 그런데 두 췌객 모두 지금은 앞서거니 뒤서거니 하며 세상을 뜨고 말았으니, 한 치 앞을 내다볼 수 없는 것이 인생사이기도 하다.

보통 피붙이 모임은 형제간 모임이 아니면 손이 귀한 집안에서는 사촌까지 더불어 한다. 하지만 우리는 친가나 외가나 다 한 계통이라고 여겨, 함께한 것이 우리 내외종 모임이다.

요 며칠간 날씨가 우중충하고 바람이 불어대더니, 오늘은 화창한 가을 날씨다. 이맘때면 우리 사촌 형제들이 산자수명한 관광지에서 화기애애하였는데, 지금은 하늘만 쳐다보며 옛 추억을 그리워할 뿐이다.

우리 내외종은 부부가 함께해도 십오륙 명밖에 되지 않는 작은 모임이었지만, 1년에 한 번 모이는 것도 여간 힘들지 않았다. 우리 둘째 고모님 자제인 두 동생이 있어서다. 모두 영관장교로 국방을 지켰고, 사회에 나와서도 손꼽을 만한 회사의 간부사원이라 공휴일이라도 시간 내기가 쉽지 않아 겨우겨우 날짜를 잡았었다. 그래도 우리 모임이 30여 년간이나 지속할 수 있었던 것은 동생들의 남다른 우애에다, 김 서방과 정서방이 딱 버티고 있었기 때문이다.

김 서방이 우리 집안의 췌객이 된 것도 극적이었다. 내 사촌 누이동생은 농촌에 묻혀 살아도 인근의 총각들이 눈독을 들이는 미인으로 태어났다. 갸름한 얼굴에다 쌍꺼풀진 눈, 거기다가 반짝이는 두 눈동자를 가졌다. 이런 미모를 타고났으니, 배필을 구하는 것은 시간문제였다. 동생은 결혼 우인 대표로 따라온 대학 출신의 총각과 단번에 인연을 맺었다.

김 서방은 과묵한 성품에다 매사 일을 야무지게 처리했다. 백여 호가 넘는 처가 동네의 수도 배관공사를 맡아, 외딴 골짜기 집까지 물이 철철 흐르도록 공사를 잘 수행했다. 동네 입구 포구나무 아래 우물을 지대가 높은 곳에 사는 주민에게 공급하는 배관공사는 만만한 공사는 아니었다. 계매는 이 급수배관 공사로 인하여 '우리 마산 김 서방'으로, 동네의 사위가 되었다.

웬만한 여행지의 사전 답사는 김 서방 몫이었다. 숙소는 물론이고, 주위 경관 하며 먹거리 문제까지 소상히 파악하여 모임을 도맡았다.

내 둘째 고모님은 아들 넷에 고명딸 누이동생을 두었다. 미곡상을 하는 고모부를 도우느라 고모는 항상 바깥에서 살았다. 집안일은 동생이 혼자 다 꾸려나갔다. 여동생은 선머슴 동생들을 건사하느라 갖은 고생을 다 하였다. 그래 도시에 좋은 총각이 있다는 중신 애비의 권유로 항만하역 종사자인 정 서방을 맞게 되었다. 정 서방은 가방끈이 짧은 대신에 자기관리에 철저했다. 거친 하역작업장에서 살아남으려면 한주먹도, 강단도 필요했다. 그러기 위해서 시간 나면 산에 오르고 아령이나 역기를 드는 등 몸 관리에도 철저했다. 현장에서도 꾀부리지 않고 무슨 일이나 앞장섰다. 그렇게 열심히 일하니 얼마 지나지 않아, 이름난 해상컨테이너 크레인 베테랑 기사로 거듭날 수 있었다. 우리는 정서방 덕분에 70~80년대에 귀한 파인애플이며 바나나를 실컷 얻어먹을 수 있었다.

이들 두 사람의 췌객 덕분으로 설악산이며 내장산으로 통영 금호리조트 등 전국 어느 곳에 여행하더라도 이웃집 나들이하듯 쉽게 했다. 알아서 뒤처리를 하였기 때문이다.

그래도 여행 중 잊히지 않는 곳이 설악산과 밀양 표충사 관광이다. 설악산을 가기 위해 속초로 향하면서 이번 참에 동해를 빠트리지 않고 다 보자며 부산 노포동에서 완행버스를 탔다. 낡은 버스는 털털거리며 반나절은 달린 것 같다. 경관이란 게 깊이 보아야 그게 본 것이지, 겉핥기는 아니 본 것만 못하였다. 한 모퉁이를 돌 때마다 넘실대는 하얀 파도에 백사장이었다. 갈매기도 빠짐없이 날았다. 나중에는 바다가 진절머리가 났다.

밀양 표충사에 일박하면서 염소 고기를 한번 실컷 먹자며 사전에 중간쯤 되는 염소 한 마리를 주문했는데, 현지에서 내놓는 고기는 우리의 심산으로도 너무나 차이가 났다. 어진 동생들은 입을 굳게 다문 채 식당 주인만 바라보고 있는데, 서울의 고종 제수님이 "고기가 왜 이것뿐입니까?"란 말에 주인은 묵묵부답인 채, 서어 너덧 쟁반의 고기를 더 갖다주었다. 제수님의 한 마디는 도끼날처럼 매서웠다.

그래도 설악산의 관광은 20년이 넘었건만 잊히지 않는다. 설악산 들머리에서 막걸리 말술을 갖다놓고 "막걸리 한 잔에 천 원이요, 안주는 공짜고요" 고함치며 호객행위를 하는 청년들의 모습이 지금도 인상 깊다. 안주는 그곳에서 생산되는 곰취며 돌나물과 미나리 등이었다. 이들 산나물에서는 향긋한 향과 풋내가 미각을 사로잡았었다.

고도 8백여 미터가 되는 권금성을 기어오르며 우쭐대기도 하였다. 높이가 높이인지라 어지럽다고 포기하는 등산객이 많았기 때문이다.

우리는 그렇게 정답게 지낸 모임이 해가 더해갈 때마다 불참자가 속출했다. 부산의 동생은 뇌졸중으로, 시골에 사는 여동생도 무릎관절로 모임에 자주 빠졌다. 자연히 모임의 존속 문제가 거론되었다. 그리하여 창원의 용지호수 주변을 거닐며 지난 세월을 뜬금없이 나누다가, 그만 작별하고 말았다.

지금은 문자나 전화로 안부를 묻긴 해도, 만남에 비길 수야 있으랴. 노래방에서 제수씨도 낯가리지 않고 함께 춤추며 놀던, 젊은 날의 환희가 눈앞에 아른거린다. 인생은 한갓 뜬구름이었다.

Chapter 2

포구나무를 그리며

나는 시간이 나면 시내를 배회하기를 즐긴다. 발길이 멈추는 곳은 한결같이 중원로터리가 아니면 진해역이다. 부근에서 어린 시절을 보냈기 때문이다. 이 중원로터리에는 팽나무 한 그루가 서 있었다. 우리는 이 팽나무를 포구나무라 불렀다.

8·15해방을 맞아 일제의 억압에서 벗어나 누리는 기쁨도 잠시, 일정한 경제활동이 이뤄지기 전이라 사회적 혼란과 물질적인 궁핍은 극도에 이르렀다. 시내에는 군용차량만 간혹 뽀얀 먼지를 일으키며 질주할 뿐, 시민들은 다들 허탈감에 빠져 있었다. 그나마 우리는 이 포구나무를 바라보는 것만으로도 큰 위안을 받았다.

옛적에도 포구나무 부근을 중평한들이라 했으니, 이 포구나무 주변은 꽤 넓은 들판이 펼쳐져 있었으리라. 500년에 가까운 수령을 자랑하는 이 포구나무 주변에 11개 부락이 옹기종기 모여 살았다고 하니, 이 포구나무는 부락의 당산목이면서 농부들의 쉼터였을 것이다.

일제는 1910년 군항을 조성하면서도 신성한 종교적 신목神木으로 여겨서일까, 이 포구나무를 훼손하지 않고 나무 둘레에 경계석을 세우고 쇠줄을 빙 둘렀다. 그리고 이 나무를 중심으로 팔거리를 만들었다.

나는 이곳에서 초등학교와 중학교를 마쳤다. 그러니 한 십여 년간 진해의 중심지요 번화가인 동네에서 소년기를 보낸 셈이다. 그때는 새벽에 눈 뜨면 이내 향하는 곳은 포구나무가 서 있는 팔거리였다. 먼저 나온 어른이나 아이들은 포구나무를 트랙 삼아 걷거나 달려 나갔다. 나도 먼저 나온 사람들 틈에 끼어 함께 달렸다. 여기선 출발시간이 제각각이니 선두가 따로 없었다. 달려 나가면 누구나 선두였다. 숨이 차면 옆으로 비껴나 잠시 걷다가 또 달리면 되었다. 선두 다툼이 없으니 달리면서도 즐거웠다. 이곳 주민들의 아침은 여기에서 먼동이 트고 날이 밝았다.

진해와의 인연은 지금 생각해도 얼떨떨하다. 해방 후 일본에서 귀국한 우리 가족이 임시수용소를 거쳐 정착한 곳은 진해교회 맞은편의 일본인이 거주하던 적산가옥이었다. 그날따라 먹구름이 지나갔는지 하늘은 우중충했고 거리에는 사람의 그림자도 찾아볼 수 없었다. 어스름한 적막만이 자욱했다. 그나마 도심 한복판에 포구나무가 턱 버티고 서 있고, 벚나무가 숲을 이루고 있어 적적한 마음이 조금은 누그러졌다.

포구나무 느티나무 회화나무 등 정자나무들은 사방으로 뻗친 가지가지마다 수분과 햇볕 등을 나눠 가져 사람들이 그리는 무지개처럼 둥그스름한 수관을 만든다. 그런데 이곳 포구나무의 수관은 펑퍼짐했다. 이는 강한 태풍과 해풍 등을 피하느라 잔가지를 부러뜨려 수관을 나지막하게 하지 않았을까 싶다.

이 포구나무는 도로 중심에 자리 잡고 있어 사람이 드나들 경우, 차량통행의 흐름을 끊고 교통사고가 우려되어 공원 출입을 막았다. 우리들은 공원을 마음대로 드나들 수는 없어도, 멀리서 바라보는 것만으로 부대낀 마음이 한결 가라앉았다.

당시는 진해역에서 해군사관학교에 가는 남문로에 이르는 거리가 번화가였다. 거리에 나서기만 하면 장場거리 물건 말고는 없는 것이 없었다. 해방 후 김구 선생이 진해의 해안경비대를 방문 시에 유숙했다는 태화여관을 비롯하여 재봉틀가게, 자전거점, 책방, 중국요리점과 일식당, 한식당이 있고, 병원과 한약방 그리고 다방과 카바레 등도 있었다.

여기 외로이 서 있는 포구나무는 거리에 배어든 정을 조금이라도 새어 나가지 않도록 가림막 역할을 해주어선지, 이 아름드리나무 주변에 사는 어른 아이 할 것 없이 정을 나누며 한 이웃으로 살

앉다.

자주 뵙지 않아 낯선 어르신에게도 거리낌 없이 인사를 드리면 "니가 누구인지 잘 모르것다." 하시면서도 반가워하셨다.

"저는 회춘당한약방 뒷집에 사는데예, 저의 아버지 함자가 '차능자 수자'입니다." 하면

"참, 그렇제. 아버지는 일 나가시고. 오래 못 봐서 금상 생각이 안 났다." 하시며 머리를 쓰다듬어 주셨다.

아이들은 부모의 그림자를 보고 자란다고 한다. 나름의 일가를 이룬 부모님 바람대로 우리는 길가에서 놀다가도 때가 되면 공부하러 집으로 발길을 돌렸다. 그래선지 이곳에서 자란 아이들 중에는 이름값을 하는 사람이 많았다. 장군이 된 후배도 있고, 교수와 의사가 된 사람은 부지기수였다. 외지에 나가 굴지의 자동차공장에 공구를 납품하는, 공구계의 기린아가 된 친구가 있는가 하면, 평생을 미항공우주국인 '나사'에 근무한 초등학교 동창도 있다. 내가 '잡글'을 한 권 써내고는 동창들과 친지들에게 돌리며 가슴을 편 것도 이들과의 말 없는 경쟁심의 발로일 것이다.

이 포구나무가 영험한 힘을 가진 존재인지 어떤지는 모르나, 이 나무가 없어진 뒤로는 시청과 경찰서, 등기소 등 관공서가 경쟁하듯 동부로 떠나갔다. 그리고 양과점의 대명사인 백장미와 경양식집인 파우스트, 진해의 상징이었던 흑백다방도 문을 닫았다.

오늘도 거리를 거닐며 옛날을 회상해 본다. 손바닥만 한 작은

땅에 심긴 벚나무 줄기는 매연으로 뒤틀리어 거무튀튀하고, 전기나 전홧줄에 동강 난 가지는 추한 몰골로 구부정한 나를 맞고 있다. 차량만 지나다니는 거리는 한산하다 못해 적막감만이 감돌았다.

벚나무는 향나무나 주목과는 달리 가지치기를 몹시 싫어한다. 죽죽 가지를 벌려 마음껏 꽃 피우기를 좋아한다.

옛날 보도블록이 깔리기 전, 사양토砂壤土에 심긴 시내의 벚나무는 마음껏 뿌리를 내려 하늘을 뒤덮었다. 만개 시에는 벚꽃이 하늘이고 하늘이 벚꽃이었다. 그리고 꽃이 진 가지마다 새까만 버찌를 주렁주렁 매달았다.

과학자들에 의하면 인체에는 숲을 사랑하는 유전자인 '바이오필리아'가 있다고 한다. 우리가 건강하고 행복하게 살기 위해서는 바로 숲과 조화롭게 살아야 할 이유이기도 하다.

숲을 사랑하는 유전자 덕이었을까? 가옥이 사열을 받듯 도롯가에 줄지어 섰고, 도로가 비행기 활주로처럼 넓은 도시의 한복판에 살면서도, 부모같이 보살펴 주시던 이웃 어른들이 계셨고 마음 고운 친구들이 많았다.

광복되어 벚꽃놀이는 서울창경원과 진해군항제가 유일했다. 성급한 관광객은 완행 기차표 한 장 끊어 진해역에 내리어 온천지가 벚꽃 장관인 정경을 보고는 입을 다물 줄을 몰랐다고 한다. 젊은이와 중늙은이는 양어장이나 통제부 벚꽃장으로 향하고, 거동이 불편한 어르신들은 꽃밭이 바로 코앞인, 시내의 벚나무 아래서 막걸리를 드시며 봄을 즐기시었다.

  시가지를 재개발하더라도 단순화를 꾀하는 현대식 건축이나 조각 등 시류에만 따르지 말고, 벚꽃 동네 옛 모습도 함께 담아 꾸민다면 봄이면 벚꽃에 취하고, 가을이면 코르덴바지처럼 노르스름한 단풍이 그리워 버스와 자가용이 줄을 잇지 않을까 싶다. 나는 오늘도 포구나무가 흔적도 없이 사라진 중원로터리를 거닐며, 옛 풍경을 추억하고 있다.

Chapter 2

떠나가는 고향

한창 젊었을 때 1년에 한두 번 여행을 다녔다. 행선지를 서해나 남부 지방으로 정해 남해고속도로에 오르면, 아침 식사는 으레 함안휴게소에서 했다. 진해에서 1시간 남짓이면 도착할 뿐 아니라, 넓디넓은 휴게소에 들어서면 주차 공간이 넓어 속이 시원했다. 광장에는 화물차가 줄지어 서 있고, 여행객이 이용할 수 있는 식탁도 서너 너덧 개가 나란히, 나란히 놓여 있었다. 미리 준비한 시래깃국에다 밥 몇 숟갈 말아 먹으며 매실주 한두 잔 곁들이면 아침 식사로 그만이었다. 새벽 일찍 떠나느라 허기진 속이 훈훈히 데워지면, 슬쩍 내놓는 것이 고향 자랑이었다.

"니 고향은 어데고? 내 고향은 여기 함안이다." 하면, 친구들은

"그래, 느그 고향 휴게소 한 군데만 봐도 엄츰 넓어서 좋다."며 고향을 칭송하였다. 함안 하면 지금은 함안 수박과 칠북 포도며 단감 등으로 살기 좋은 고장으로 이름나 있지만, 이런 특산물이 나오기 전에는 농산물이라곤 야트막한 산지의 밭작물이 고작이라 군세도 약한 고장이었다.

그래도 함안 하면 고려에 대한 충절을 지키기 위해 성균관 진사 이오 선생의 후손들이 고려의 유민임을 뜻하는 '고려동'이란 거처를 정하여 600여 년간 담을 쌓고 살아온 뼈대 있는 충절의 고장이기도 하다.

나의 고향은 함안에서도 변두리인 삼칠면(칠원, 칠서, 칠북)의 한 곳인 칠북면의 산골 마을이다. 동네 뒷산을 넘으면 바로 창녕군 길곡면이다. 그렇게 함안과 창녕의 경계에 살아도, 이쪽저쪽을 재보지 않고 '함안인'이란 긍지를 갖고 살아간 동네이다.

보통 태어나거나 자란 곳을 고향이라 칭한다. 이 기준에 따른다면 칠북면 남양은 나의 고향이 아니지만, 선대가 터를 잡고 대대로 살아온 곳이며 아버지가 태어나서 이십 대 초반까지 살았던, 내 안태본이라 고향으로 친다.

나의 고향 남양은 각성바지가 몇 집이 되지도 않고, 100여 호 차문車門이 일가를 이룬 집성촌이다. 동네 한복판에 재실도 있는, 조상숭배와 효의 본향인 이곳에서도 간혹 담배를 꼬나물고 다니는 젊은이를 만난다. 옛날 같으면 "야 이놈아, 여기가 어디라고 담배를 물고 다니냐?"며 호통을 치며 달려 나오는 어르신의 잔상殘像을 그려본다. 이렇게 도덕 규범도 무너져 가고 있는 고향 마을에도, 가까운 친척이라곤 삼종三從형제 한 집밖에 없다. 어쩌면 머지않아 객지에 나가 사는 우리와도 고향이 단절되지 않을까 하는 절박한 지경에 이르렀다.

이곳 고향에는 지금 농사를 짓고 있는 자손들이나 동네를 찾지, 이곳을 떠나간 가족들도 묘사 지낼 때 말고는 자기가 뒹굴며 놀던 집도 잘 둘러보지 않는다고 한다. 우리 가족만 해도 나만 고향을 찾으며 열을 올리지, 동생들이나 자식들에게 선산도 둘러보고 산소도 돌봐야 한다고 말해도 '소 귀에 경 읽기'이다. 그저 아버지 고향은 이곳이구나, 할 정도이지 조상을 숭상하며 산소를 지켜야 하는 사명감 같은 굳은 마음은 들지 않는 모양이다.

사람의 마음은 물처럼 틈만 있으면 그곳으로 흐르기 마련이다. 마음이 그릇된 방향으로 가지 않도록, 벌초나 묘사 등 집안일이 몸에 배게 채찍질해서 가르치지 못한 것이 한이 된다.

방학 때 고향에 가면, 가설극장의 무성無聲 영화며 연극공연과 노래잔치 등으로 문명의 이기에 눈을 뜨게 해주었고, 땅콩이며 수박 서리를 하며 탐험과 호기심을 심어준 곳도 고향이었다. 도시에 사는 입이 짧은 조카에게 먹이려고 며느리 몰래 고구마 몇 개를 품속에 숨겨 가져오는 종숙모님의 사랑을, 잊으려야 어찌 잊으리오. 면장님의 고명딸이기도 한, 마음씨 고운 그 숙모님은 항상 며느리에게 져주고 살았다. 결기가 센 며느리를 잘 부리는 용병술은 '지고 사는 일'이란 걸 일찍부터 터득한 당신의 지혜가 아닐까 미루어 짐작이 간다.

　급격한 개인주의로 치달아 가족의 개념도 제 새끼들까지 한정을 짓지, 자기를 낳아 길러준 부모마저 저버리는 극단적인 세상에 살고 있다. 순박한 사람들이 사는 시골이라고 다르겠는가. 웬만큼 두터운 친분의 사람이 아니면, 낯익은 사람이 보여도 걸음이 멀다 싶으면 그냥 지나치는, 무정한 도시 사람이 되고 말았다. 이래저래 고향은 멀어져 간다. 아니 저편으로 사라져 가고 있다.

Chapter 2

이발과 미용과

시내를 걷다 보면 노랑머리를 만나고 빨강 머리, 꽁지머리도 만난다. 닭벼슬인 듯 솟은 '모히칸' 머리를 한 사내도 심심찮게 만난다.

예전에는 더부룩하게 자란 머리털을 자르는 것이 이발이었다. 그리고 여성의 경우도 할머니들이 선호하는 뽀글뽀글 파마도 있지만, 대부분 머리털을 가지런하게 고르는 정도였다. 그러던 것이 노랑머리 빨강 머리가 나오고, 개그맨 윤택의 폭탄 머리도, 머리털을 온통 흩트려 놓는 산발 머리도 나왔다. 멋과 개성이라지만 자연산 수염과 함께 온갖 머리 모양을 하고는 시내를 휘젓고 다녀도 예사롭게 보아 넘긴다. 나도 이런 풍조에 이미 동화가 되었기 때문이다.

목욕탕에 딸린 이발 의자에 앉는다. 이곳에서는 머리털만 달랑 자르고 목덜미 면도만 해준다. 어느 이발소나 걸려 있기 마련인 액자 한 점도 없다. 캘린더와 거울만이 벽면의 공허함을 메우고 있다.

우리 집 길 건너편에 사는 김 씨가 내 노년의 전용 이발사다. 김 씨 부인의 부탁을 집사람이 전해 줘, 돈도 아끼고 시간도 절약되는 '꿩 먹고 알 먹는' 이발을 한다. 김씨는 한때 면도사 아가씨를 세 명이나 둔, 잘나가던 이발관을 경영했었다.

얼마 전까지만 해도 나는 시내에 있는 대중 이발관을 이용하였다. 그곳에는 수염 뿌리 하나하나를 쑥 캐듯이 후벼 파고, 코끝을 어루만지고 턱 밑을 훑으면서 간지러운 이야기를 먼저 끄집어내는, 중년의 아주머니 면도사가 있었다. 그녀는 좌우 팔과 어깻죽지를 쭉쭉 펴고는 주무르거나 두들겨 주고, 반달이 나오도록 손톱 소제도 해준다. 마지막으로 칼바람 이는 듯한 두 손날의 안마를 멋들어지게 했다. 온몸이 지글지글 쑤셔대는 요즘엔 이런 늙은 면도사의 손길이 생각날 때도 있지만, 목욕과 함께하는 이발이 일상이 되어버렸다.

내 유년의 이발소는 초등학교 친구 훈이 집 뒤뜰의 허름한 창고였다. 무허가였으나, 동네에서는 알아주는 이발관이었다. 훈이 아버지는 일제 때 일본 경찰서 구내 이발을 한 경력이 말해주듯이 그의 손이 거쳤다 하면 말쑥한 미남이 되어 나왔다.

이발소는 한 두어 평이 될까 말까 한 좁은 공간이었다. 그곳엔 낡아빠진 이발 의자와 '슥삭슥삭' 면도칼을 문지르는 말가죽, 유황색 도료가 반쯤 벗겨진 거울 조각과 아이들이 이발 의자에 파묻히지 않도록 걸치는 나무판자와 너더댓 명이 앉을 수 있는 널빤지 의자 하나가 전부였다. 그래도 그곳엔 훈훈한 정이 넘쳐 아늑했다. 고객은 이웃 아저씨들과 동네 아이들이었다. 차례를 기다리는 동안, 경제와 시국 그리고 젊은이들의 예의범절에 대한 이야기를 아저씨들로부터 얻어들을 수 있어, 이발을 한 차례 하고 나면 귀가 약간 뚫리었다.

소방서 건너편의 시내 집과 여좌동 돌산 밑 동네를 전전하다가, 조그만 집을 지어 이사한 곳이 진해탑 언저리의 산동네였다. 명색이 세 칸짜리 기와집이었지만, 10여 평에 불과한데다 방 한 칸은 세를 놓고, 어머니와 우리 부부 그리고 자식 셋 등 여섯 식구가 살기에는 너무나 비좁았다. 거기에다 쥐꼬리 월급에 온 식구가 매달리다 보니, 한 푼이라도 절약하는 방법밖에 다른 방도가 없었다.

그 방편으로 사내 두 녀석의 이발은 떠돌이 할아버지 이발사에게 맡겨졌다. 할아버지는 30~40일에 한 번씩 동네를 다녀갔다. 한번 놓치면 다음 올 때까지 기다려야 한다. 어른이나 아이나 한 끼 굶어서는 살 수 있어도 이발을 한 차례 거르면 몰골이 말이 아니다. 그래서 할아버지 이발사가 올 때가 다 되어 가면 어머니는 골목에서 서성거렸다. 낡은 바리캉은 간혹 머리털을 물어뜯기도 해, 둘째는 이발사 할아버지가 동네 어귀에 나타나면 잽싸게 도망을 쳤다. 할 수 없이 그 녀석의 입에는 이발하는 대가로 아이스께끼 두 개가 물려졌다. 지금도 그때 일을 생각하면 웃음이 절로 나고 산동네 아이들의 까맣게 그을린 얼굴이 어른거린다.

막내 여식의 미용사는 집사람이었다. 집사람은 틈만 나면 딸내미의 머리털을 고르고 땋았다. 지금도 허리춤까지 치렁치렁한 머리를 한 막내의 사진을 보노라면, 머리칼처럼 출렁거리던 가난의 시절이 떠오른다.

세상에서 제일 아깝지 않은 것이 목욕과 이발이다. 몸을 씻고 머리를 다듬고 나면 사람이 달라 보인다. 흔히 '새장가 가도 되겠네.' 하는 칭찬도 이발을 하거나 목욕을 한 후에 듣는 말이다.

지금은 머리털을 고르고 단정하게 꾸미는 것이 아니라 헤어 디자이너에 따라 새로운 머리 스타일이 달이면 달마다 변형되어 나온다. 남녀 조발 행태도 크게 다르지도 않다. 그러니 미용실과 이용원의 구분이 애매하지만, 옛날 남자 머리는 어른 아이 할 것 없이 이발관을 이용했다. 지금처럼 남자가 미장원을 들락거린다는 것은 생각지도 못했다. 오늘 느닷없이 옛날 이발 모습이 떠오르는 걸 보니, 나도 이제 나이가 목에 꽉 찼는가 보다. 감이 빨갛게 익어 가는 시골의 가을 풍경도 구경할 겸 언제 한번 틈을 내어 시골버스에 오를까 한다.

Chapter 2

산뿌라 이빨

치위생사는 임시로 끼는 의치(가짜 틀니)를 주면서 "할아버지, 틀니 잘 보관하셔야 합니다.", "잘 간수하셔야 됩니다."라며 철저한 보관을 거듭 당부한다. 나도 앞니 틀니를 잃어버리는 바람에 병원에 왔는데, 요즘 노인들의 틀니 분실이 다반사로 이루어지는 모양이다. 틀니를 해 넣은 지가 얼마 되지도 않았는데 또 치과를 찾는다니 참, 어이가 없다.

나는 초등학교 시절에도 치통으로 잦은 고생을 했지만 그리 심하지는 않았다. 그러다가 중학생이 되고부터는 치통이 수시로 재발하는 바람에 얼굴을 찡그리거나 입을 오물거리며 지내는 일이 잦았다. 이가 아프면 이웃 어른들이 귀신같이 알아 "너 이빨로 고생을 하는구나. 조금만 참으면 아픈 것 지나간다."며 다독거려 주었다.

그때는 아무리 이가 아파도 병원하고는 거리가 멀었다. 가난을 안고 사는 서민들에게 병원이란 멀리 아른거리는 신기루에 지나지 않았다. 몸 어디라도 아프면 민간요법인 비방祕方이 약이고 치료의 전부였다.

치통은 온 식구가 있는 초저녁에 아프면 잔심부름을 시킬 수도 있어 그나마 좋으련만, 다들 깊이 잠든 한밤중에야 시작되었다. 처음엔 욱신거리다가 나중에는 폭폭 쑤셔대었다. 참고 참다가, 난들에서 장사하시느라 잠에 폭 빠진 어머니를 깨워 앉히었다. 어머니는 이마의 땀을 닦아주고는 반듯이 눕혔다. 그리고는 찬물을 적신 수건을 이마에 얹혀주고는 소금물을 머금게 하거나, 옥수수 속대 끓인 물을 식혀서 머금게 하고는 안쓰러워 머리맡을 떠나지 않으셨다. 나는 눈을 떴다 감았다 하며, 이리저리 뒤척거리다가 새벽녘에 이르러서야 깊은 잠에 빠져들곤 했다. 특히 치통은 그냥 낫지 않았다. 한 땀 빼고도, 한 일주일은 갔다. 그리 지나고 나서야 언제 그랬나 싶게 치통에서 완전히 벗어날 수 있었다.

치통으로 자주 고생하는 나를 보다 못한 어머니는 없는 돈을 긁어모아 무허가 치과의사의 진찰을 받게 했다. 의사 집은 골목 깊숙한 곳에 숨어 있었다.

가서 앉자마자 여기에 온 자초지종을 묻더니만 귀퉁이가 닳고

닳은 반들거리는 가죽 가방을 들고 왔다. 그 가방을 열어제치자, 치아 추출 집게와 지혈겸자 등 온갖 겸자鉗子*가 가득했다. 의사는 일반 치과용 의자가 아닌, 난전의 장사꾼이 앉는 작은 의자를 갖다주고는 자기 허벅지로 나의 다리를 사정없이 눌렀다. 그리고는 이빨 주위를 살살 후벼 파더니 상한 어금니를 발치하기 시작했다. 바로 창자가 딸려 나오는 듯 아팠다. 나는 두 손을 불끈 쥐고 악을 쓰며 버텼다. 그 지긋지긋한 치통에서 해방되는 일은 참는 것 말고는 아무것도 없었다. 무슨 비상약을 주고 발치했는지, 그냥 다짜고짜로 발치했는지는 기억나지 않는다. 그날 저녁은 밥 한 술도 입에 대지 않았다. 그저 솜을 문 잇몸을 두 손으로 감싸고는 긴긴밤을 넘긴 것 같다.

나의 치통의 역사는 우리 해방둥이가 다 겪는 시대상의 아픔이기도 했다.

지금은 "둥근 해가 떴습니다. 자리에서 일어나서/ 제일 먼저 이를 닦자, 윗니 아랫니 닦자"며, 이 닦기를 어릴 때부터 심어주지만, 당시는 구강 보건에 관한 정서적 교육은 전무全無하였다. 내 동생들은 지금처럼 이빨을 철저히 닦지를 않아도 충치를 모르고 어린 시절을 보냈는데, 나만이 그 지긋지긋한 치통을 달고 살았다. 당시는 이빨이 닳도록 배불리 먹지를 못해도 집집마다 치통으로 부모님 애를 태우는 녀석들이 꼭 한 명은 있게 마련이다. 나도 그중의 한 사람이었다.

아픈 이빨을 뽑고 나서도 그 비싼 틀니를 바로 해 넣지 못했다. 지금처럼 육고기가 흔한 시절이 아니라서 그런지, 어금니 한두 개가 없어도 음식을 먹는 데는 아무 지장이 없었다.

　그 후 직장에 적을 두고서는 앞니마저 흔들거리기 시작했다. 그 시원찮은 이빨로는 고기를 뜯기는커녕 음식이 닿기만 해도 아팠다. 기다릴 것도 없이 윗니를 뽑는 김에 어금니 틀니도 새로 해 넣었다. 그 앞니는 당시 유행하던 산뿌라 이빨로 멋을 부렸다. 산뿌라 이빨을 해 넣고 나서는 입을 오므리기보다는, 은연중에 보여주고 싶어서인지(?) 그냥 입을 헤벌리고 많이 다녔던 것 같다. 이 산뿌라는 금이빨처럼 번쩍번쩍 빛나지는 않아도, 살짝 보이기만 해도 멋있는 신사로 보았음인지, 길가의 여인들은 곁눈질하며 지나갔었다.

　이제는 산뿌라의 한 세상도 추억 속으로 사라지고 말았다. 그 은밀한 시선을 등 너머로 받았던 때가, 어제 일처럼 훤하게 떠오른다.

＊겸자鉗子: 가위 모양으로 생긴 외과 수술 기구.

Chapter 2

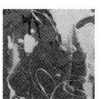

족제비가 이웃으로 이사 왔다

어둠이 걷힌 새벽녘이다. 동네 중앙의 엇비뚜름하게 난 골목을 지나고 있는데, 주둥이가 길고 몸매가 날씬한 황적갈색의 족제비가 저만치 보였다. 녀석은 물끄러미 쳐다보다가 어느 집 안으로 쏙 들어갔다. 그 집에는 키위가 가을의 햇살을 받아 마당 가득 익어가고 있었다.

족제비는 뱀이나 쥐, 개구리, 메뚜기 등이 주식이니 키위를 먹을 리도 없다. 아마 그 집이 재활용품을 모으는 집이니 숨기가 좋아 임시 거처로 정하지 않았을까 싶다. 시골의 농가는 몰라도 도시 한복판에는 그 흔한 쥐란 놈도 길고양이 등쌀에 자취를 감춘 지 오래됐는데, 어떻게 여기까지 왔을까를 생각하면 할수록 아리

송하다. 아마 이곳저곳 떠돌다가 길을 잃은 족제비가 아닐까.

요즘 티브이에서 '나는 자연인이다.'라는 프로가 인기라고 한다. 산돼지나 고라니 등의 짐승은 먹이를 구하려고 동네로 내려오고, 우리 인간들은 모태 본류의 고장인 숲을 선호하고 있으니, 인간은 태생적으로 자연이 고향인가 보다.

우리 식구들이 하기휴가 때 빠지지 않고 찾아가는 곳이 지리산 뱀사골 계곡이다. 처음에는 위 골짜기일수록 물도 맑고 수량도 풍부해 철철 흐르는 물소리를 들으며 여름을 날 것이라며 위쪽으로만 차를 몰았는데, 올라가면 갈수록 강폭이 좁아지더니 드디어 야외 텐트촌이 나타났다. 놀기가 마땅찮았다.

그래서 지금은 팽나무가 여남은 그루가 줄지어 서 있는 뱀사골 아래 동네 근처에 있는 냇물에 발을 담그고 놀다 온다. 여기도 세 놓는 평상이 줄을 지어 놓여 있어 소란스럽기는 해도, 수량도 풍부하고 강폭이 넓어 아이들이 헤엄을 치거나, 송사리나 피라미 등 물고기를 잡으며 놀기가 참 좋다.

이곳 냇물에도 돌고기나 버들치 등 큰 고기는 사람의 등쌀에 큰 바위나 물풀 등이 우거진 안전한 곳으로 숨어버렸는지 아예 보이지 않고, 송사리나 피라미 새끼들만 멋모르고 노닐고 있다. 어쩌다 손자 녀석의 망에 걸려든 피라미 새끼 한 마리는 플라스틱 통에서 도망가려고 몇 번 점프를 시도하더니 드디어 뛰쳐나와 퍼덕거렸다. 손자 놈을 꾀어 물에 다시 던져주니 '아이고 살아났구나.'

라며 멀리 내빼었다.

자연의 대교류가 소리 없이 이루고 있는 현상이 애틋하다.

돌고기, 버들치 등 물고기를 인공으로 만든 미끼로 꾀어 잡으려 해도 여간해서 잡히지 않는다. 저희대로 살 궁리를 하며 꼭꼭 숨어 있을 터이니 허술하게 잡힐 리도 만무하다.

족제비들은 원래 강변이나 호수 기슭 등 물가를 좋아하고 헤엄도 잘 친다. 그래 여기가 그들의 고향일 텐데 우리 인간들이 차지하고 노니, 그들은 그들대로 마지막 남은 생명을 부지하려고 헤매다가 도회지 뒷골목으로 숨어들었을 것이다.

우리는 그간 산업개발이나 도시화를 앞세워 자연 보고寶庫나 다름없는 하천이나 호수 등을 무분별하게 파괴하여 왔다. 그 결과는 엄청난 자연의 황폐화와 재난을 불러들이기에 이르렀다.

족제비나 수달 등 야생동물들은 그 나름의 먹이사슬로 건강한 생태계를 지키는 파수꾼이 아닌가. 이제는 이들 야생동물들과 더불어 자연을 보존하는 일만이 우리에게 남겨져 있다. 더 늦기 전에, 자연과 공존 공생하는 '호모 심비우스'* 적 인간으로 살아가야 되지 않을까.

---

*호모 심비우스: 생물학자 최재천이 '공생'을 의미하는 symbiosis에 착안해 만든 용어로, 동료 인간들은 물론 다른 생물종과도 밀접한 관계를 유지하는 인간.

Capter 3
—
소소한 생각 한 조각

황국현 作 〈사색에 빠지다〉

논의 모습도 직사각형이거나 마름모꼴 등
각이 제대로 잡힌 논도 있겠지만
대부분은 모과나 쥐뿔만도 못한 논일 것이다.
그런 논을 만물상을 조각하듯이 반듯한 논으로 만들기 위해
농부들은 새벽부터 바지게를 지고
가파른 언덕을 오르내리며
논둑과 물꼬를 손보았을 것이다.

― 〈남해 단상, 둘〉 중에서

Chapter 3

소소한 생각 한 조각

내가 마지막까지 밥술을 걸어놓은 곳은 철조망과 위병이 지키는 군공창軍工廠이었다. 내 몸을 붙들어 놓은 이곳을 빠져나오려고 마음먹은 것은 어느 따스한 햇볕이 내리쬐는 수요일 오후였다.

군 조직이다 보니 튼튼한 신체를 갖는 것이 국방을 지키는 원동력이라며, 매주 수요일 오후는 체력 단련을 하는 날로 정해져 있었다.

그날 내 발길이 향한 곳은 정밀측정시험소 잔디밭이었다. 각종 함정 부품의 치수와 형상을 측정하고 검사하기 위해서는 항온항속 유지는 물론이고, 소음과 진동 등을 피하기 위해 공장에서 멀리 떨어진, 외딴 곳에 지어져 있었다. 그리고 건물 주변엔 골프

장처럼 푸른 잔디가 곱게 깔려 있어 종종 구장으로 이용하기도 했다.

그날 이 잔디구장에서는 방송대학교에 적을 둔 창우들이 청백으로 나눠 미니축구를 하고 있다가, 나를 보자마자 자기편이 약하니 함께 뛰자며 손을 잡아당기었다. 그리하여 몇몇 창우의 권유로 나도 방송대학의 일원이 되었다.

1970~1980년대에는 군이라는 특수한 조직의 군공창이었지만 우수한 인재들이 많이 모여들어 주경야독을 하는 창우가 많았다. 그리고 이곳 방송대는 고령의 연령층이 많다 보니, 보통 형님 아우로 통했다. 뿐만 아니라 공장도 앞산, 뒷산으로 흩어져 있어 같이 모여 결속을 다지기에 어려운 환경인데도 경영 선배님, 전자 후배님 하며 돈독한 학우애를 나누었다. 그때 방송대학은 입학해서 졸업장을 받는 학생이래야 불과 10%밖에 되지 않는, 들어가기는 쉬워도 졸업은 낙타가 바늘구멍에 들어가기보다 더 어렵다 보니, 선배에 대한 예우가 남다른 학교였다.

당시 군공창은 민간의 조선 업체와 통합하느니, 어쩌니 하며 창내 분위기도 어수선한 시절이었다. 나는 조직관리, 즉 구조조정 업무를 맡아 밤낮없이 일하느라 건강은 극도로 허약한 지경에 이르렀다.

그날도 내가 밤늦게 특근을 하다 차에서 내린 곳이 공교롭게도 어스름이 깃든 병원 앞이었다. 문을 밀치고 들어가니 의사가 진찰

하더니 심방세동 기능이 좋지 않으니 빨리 상급병원에 가서 세밀한 검사를 받으라며 소견서를 끊어주면서 "건강을 잃으면 천하를 다 잃는다."라며 건강론을 폈다. 이리하여 자식 세 놈도 대학생인데, 나도 건강을 되찾고 공부한다며 명예퇴직을 하기에 이르렀다. 명퇴하고 나서, 수업이 있든 없든 내가 향하는 곳은 학교였다. 나의 일과는 학교에서 시작되고 학교에서 끝이 났다.

대학에 적을 두고서야 인생은 어떻게 사는 것이 좋은가, 후회 없는 삶이란 어떻게 사는 것인가에 대하여 골몰하기 시작했다.

철학자 니체는 후회 없는 삶을 살기 위해서는 '인간 정신의 발달' 최종 단계인 '어린아이'처럼 과거를 깨끗이 잊되, 잘못 살아온 과거는 자책해야 한다고 말했다. 그리고 지금의 생활에 매진하라는 메시지를 주었다.

니체는 인간 정신의 발달 단계로 '낙타와 사자 그리고 어린아이'의 세 단계로 나누어 말하였다.

낙타는 참을성이 많아 태양 볕이 작열하는 사막에서 무거운 짐을 지워도 불평 없이 앞에 가는 낙타의 뒤를 묵묵히 따라만 간다. 거의 맹종이다.

사자는 용맹하지만, 자신의 자유와 권리가 침해당하면 주인에게도 달려든다. 그 용맹이 짐이 되어 평생 혼자서 불안과 고독을 삼키며 산다.

어린이는 무엇이나 잘 잊어버리고 지금의 하는 일에만 만족하고 즐긴다. 싸우다가도 금방 희희낙락거리며 같이 뒹굴며 논다. 이렇게 과거를 마음에 두지 않는, 천진난만한 어린이를 '인간성장의 최고 단계'로 보았으니, 그의 철학적 안목은 높고도 깊었다.

니체 철학의 핵심은 이러한 자기 정신의 변화였다. 인간이 새로운 출발을 하기 위해서는 어린이처럼 과거는 과거인 채로 모두 잊어버리고, 지금의 삶에 충실해야 한다고 말했다. 이를 '성스러운 긍정'이라 명했다.

마침 나는 대학원 수업을 받는 틈틈이, 방송대 스터디그룹에서 요청한 철학과목을 강의하려 J여고 별관을 향해 셀 수 없이 많은 계단을 오르내리었다. 그리고 막차를 놓치지 않으려고 버스가 정차할 때마다 행선지를 확인하느라 이리저리 몰려다닌 일이 어제 일처럼 훤하게 떠오른다.

그동안 내 앞에는 숱한 조롱과 멸시가 횡횡하였다. 그러한 시련 속에서도 정치인이 아니면 고위 공직자들의 전유물이나 다름없는 결혼식 단상에 선 나를 보고, 옛 직장 동료는 자기 일처럼 기뻐했다.

그리고 세종 도서에 실린 나의 글을 누군가 읽고 가슴이 데워졌다면, 그 깃털 같은 자국만으로도 형언하기 어려운 보람을 느낀다.

그때 병약한 몸이라며 밖으로 뛰쳐나가지 않고 그냥 그 자리에 주저앉았더라면 연금은 몇 푼 더 줄 수 있어 조금 더 나은 생활을 할 수 있었는지는 모르지만, 인생은 거기에서 끝나고 말았을 것이 아닌가.

　오늘의 내가 있게끔 굳게 닫힌 내 마음을 환히 열어젖힌 것은, 한 줌의 햇볕과 어스름이었다. 그날 햇볕은 등뿐만 아니라 마음까지 비추어 주었고, 저 멀리 희미한 촛불은 깜빡거리면서도 어둠을 걷어내 주었다.

Chapter 3

산동네의 인생 3막 5장

가진 것 없이 도시의 끝자락으로 내몰려 가난하고 고단했던 사람들이 모여 사는 곳 — 탑산 밑 동네 — 신접살림을 차려 아웅다웅 다투며 산 내 초년 인생의 시발지가 이곳이니 잊으려야 잊히지 않는다.

새벽 일찍 출근해서 저녁 5시에 칼퇴근하는 단조로운 직장 생활에서 그나마 기다려지는 날이 토요일이었다. 토요일이 오면 마음 맞는 친구들과 세상사를 나누는 곳이, 해양극장 맞은편에 있는 돼지구이집이었다. 허름한 유리 문짝에는 붉은 페인트로 '동전집'이란 상호가 씌어 있었다. 기름때가 번지르르한 미닫이문을 밀치고 들어가면, 조그만 탁자 두서너 개에 궁둥이만 붙일 수 있는 동그란 의자 몇 개가 전부인 간이 술집이었다.

  몸집이 뚱뚱하고 수더분한 인상의 주모는 으레 한두 마디는 끼어들기 마련인 여느 주모와 달리, 입은 천근만근 무거웠다. 오직 고기 굽는 데에만 열중했다. 그렇게 정성 들여 구운 고기는 감칠맛이 났다. 그녀의 음식은 드럼통 화덕에 묵은 김치와 두툼하게 썬 돼지고기를 먼저 쇠 주걱으로 지글자글 굽고는 마지막에 두부 한 모를 썰어 내놓는, 단순한 메뉴였다. 잘 구워낸 고기 한 점에 소주 한두 잔이면 단조로운 직장 생활과 가난한 산동네의 일상이 깡그리 지워졌었다.

  그날 오후도 그곳에서 술 한 잔 하고 고물 자전거를 끌고 집 대문에 이르니, 우리 뒷집에 사는 L씨가 계단에 떡 버티고 앉아 있다가 나를 만나자마자 소매를 잡아끌었다.

  망망대해를 넘나드는 마도로스들은 술을 잘했다. 외항선 3항사인 그는 더 술을 좋아했다. 나를 만날 때도 반 술이나 되어 있었다.

  70~80년 대 정국이 혼란스러울 때는 국방선금이나 불우이웃돕기, 적십자 회비 등을 할당해서 반에 부과하였다. 분담금을 동네 주민들로부터 갹출하는 일은 가난한 산동네에서는 여간 힘든 일이 아니었다. 몇 번을 들락거려야 겨우 분담금을 맞출 수가 있었다. 그러니 누구도 동네 반장은 맡으려 하지 않았다. 내가 반장에 응한 것은 동사무장인 동창 선배의 끈질긴 권유도 있었지만, 두

곳의 지방지를 구독하게 해준다는 말에 꿰어 반장을 덜렁 맡았다. 그 후 강산이 변한다는 10여 년이 지났어도 얄팍한 그 직을 내려놓지 못하다가, 이사하는 바람에 그 찰거머리 같은 반장직을 떼어놓을 수 있었다. 그 끈질김이여, 지금도 '산동네 반장' 하면 진절머리가 난다.

반장을 맡고 얼마 있지 않아, 뒷집의 L씨 어머니가 노환으로 세상을 떴다. 항해 중인 아들에게 알려도 하선이 쉽지 않을 뿐만 아니라, 외동인 까닭에 심적인 고통을 더 준다며 본가에서는 아예 알리지도 않았다. 나와 통장이 나서서 장례를 치러 주었다. 그가 하선하자마자 인사차 나를 찾은 것이다.

그에게 끌려간 곳은 동네에서 그리 멀지 않는, 아가씨를 둔 술집이었다. 여주인은 밤늦게 술시중을 드느라 늘어지게 잠자고 있는 아가씨를 깨워 옆에 앉혔다. 맥주 두서너 병과 안주 몇 접시를 비운 것이 전분데 꽤 많은 술값이 나왔다. 한동네 사는데 무슨 놈의 바가지를 이렇게 많이 씌우냐며 옥신각신했다. 성이 머리끝까지 치민 나는 원탁 위에 반 컵 정도 마시다 남은 맥주병을 향해 왼 손날을 힘껏 날렸다. 깨진 술병 밑부분은 뱅글뱅글 돌다가 그대로 탁자 위에 섰고, 맥주병 주입구가 벽에 부딪혀 박살이 났다. 혼비백산한 여주인은 술값은 필요 없다며 빨리 나가라며 등을 떠밀었다.

상선이나 원양어선 등을 타는 선원들은 다음 승선할 선박이 정해질 때까지 보통 두서너 달은 집에서 쉰다. 술을 같이한 그날 저녁부터 승선할 때까지, '경아 아빠는 빼빼해도 주먹이 엄청 세다.'라며 날이면 날마다 30, 40호 되는 산동네에 소문을 퍼트리는 바람에, 나는 한동안 고개를 들 수 없었다. 체육관에서 단련은 했어도 주먹이 그리 무서운 줄 그때 처음 알았다.

지금 생각하니 가난하게 살던 그때가 실은 좋은 시절이었다. 탑산 동네 어른들은 없이 사는 게 탈이지 다 어질었다. 아이들도 착했다. 이 녀석들은 코 묻은 잔돈이라도 생기면 건빵이나 라면땅을 사서 사이좋게 나눠 먹었고, 집을 손보려고 벽돌이나 모래 등을 타이탄 트럭이 동네 입구에 부려놓으면 개미처럼 줄을 지어 다 날라다 주었다.

집사람은 마음이 여리다. 이웃에 무슨 변고가 있다는 소식을 들으면 가만히 있지를 못했다. 그날도 며칠째 때를 굶고 있다는 이웃에 국수 다발을 건넸다. 그 국수 삶은 건더기는 아이들에게 먹이고, 어른은 멀건 국물을 마시며 허기를 면했다며 지금도 옛 이웃을 만나면 그때 일을 들먹이며 눈물짓기도 한다.

"가장 잘 사는 것은 겨우겨우 사는 것"이라고 한 동화작가 권정생의 말이 생각난다. 가난하였지만 오순도순 정 나누며 살던 탑산 동네, 그 시절이 한없이 그립다.

Chapter 3

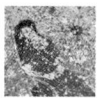

내가 만난 시인들

 그동안 세미나를 통하거나 초청행사로 많은 시인을 만났어도 깊은 감명을 받은 시인은 그리 많지 않다. 이들의 시가 내 마음에 들어오지도 않았고 그저 덤덤했기 때문이다. 그런데 오탁번 시인과 정호승 시인 그리고 정일근 시인의 시는 달랐다. 몇 행 읽지도 않았는데 바로 가슴에 와닿았다.

 이들 세 사람의 시인은 한 번도 어렵다는 신춘문예 2관왕, 3관왕 출신이기도 하다. 2관왕인 정일근 시인은 시와 시조가, 3관왕인 오탁번 시인은 동화·시 그리고 소설이, 정호승 시인은 동시와 시·소설이 각각 중앙일간지에 당선되었다.

1.

오 시인과는 20여 년 전, 2007년 6월 15일 창신대학교 강단에서 만났다. 실은 고명하신 문덕수 선생님의 시세계를 들여다보려고 '문덕수문학관'에 들렀다가, 세미나에 오신 선생님을 만나게 되었다. 오탁번 시인은 나처럼 깡마른 몸매였으나 체구는 단단해 보였다. 그리고 그의 목소리는 강당이 울리도록 우렁찼다.

하루걸러 어머니는 나를 업고/ 이웃 진외가 집으로 갔다/ 지나다가 그냥 들른 것처럼/ 어머니는 금세 도로 나오려고 했다/ 대문을 들어설 때부터 풍겨오는/ 맛있는 밥냄새를 맡고/ 내가 어머니의 등에서 울며 보채면/ 장지문을 열고 진외당숙모가 말했다/ ─언놈이 밥 먹이고 가요/ 그제야 나는 울음을 뚝 그쳤다/ 밥소라에서 퍼주는 따끈따끈한 밥을/ 내가 하동지동 먹는 걸 보고/ 진외당숙모가 나에게 말했다/ ─밥때 되면 만날 온나 …

─〈밥냄새 1〉 부분

동동거리는 찌에 입질 한 번 안 오고/ 홰친홰친하는 낚싯대 끝에/ 흘레하는 실잠자리 한 쌍/ 마디마디 눈부신 꼬리로/ ♡를 그린다

─〈흘레〉 부분

충북 제천시, 자신의 고향 폐교된 초등학교 분교를 개수하여 문을 연, 오탁번 시인의 원서문학관에 가면 어머니를 그리는 〈설날〉 시비가 있고, 어머니 동상도 세워져 있다고 한다.

오탁번 시인과 어머니 동상

나는 그의 시 〈밥냄새 1〉에 나오는, 어린 조카에게 건네는, 부잣집 마나님의 입에 발린 말 몇 마디(언 놈이 밥 먹이고 가요, 밥때 되면 온나) 시구에 그만 매료되고 말았다. 시가 이렇게 울림을 주는 것을 그때 처음 알았다.

〈홀레〉 시는 설명이 필요 없는 시화詩畫 한 점의 극치였다. 처음 대하는 그의 시는, 내 고향 경남 함안 산골의 풍경을 보는 듯 친근감이 갔다. 이들 시들이 재미가 있고 가슴을 활짝 열어 주어, 읽고 또 읽었다.

2.

정호승 시인과는 두 번의 만남이 있다. 첫 만남은 거제의 예술행사장에서였다. 정 시인이 움직일 때마다 여자 문인들이 쫑알거리며 뒤를 따랐다. 틈새를 노려 그와 만났지만, 통성명을 나누기에도 너무나 시간이 짧았다. 그런 스친 인연뿐이지만, 정호승 시인은 남 같지 않았다.

  그런 인연으로《진해문학》지에 그의 시를 싣고자 전화를 했다. 정 시인은 수락을 하면서도 단서를 달았다. 인터넷에 떠도는 시를 보지 말고 꼭 시집에 나오는 시를 실으라며 신신당부를 했다.

    바보가 성자가 되는 곳/ 성자가 바보가 되는 곳/ 돌멩이도 촛불이 되는 곳/ 촛불이 다시 빵이 되는 곳// 홀연히 떠났다가 다시 돌아올 수 있는 곳/ 돌아왔다가 고요히 다시 떠날 수 있는 곳/ 죽은 꽃의 시체가 열매 맺는 곳/ 죽은 꽃의 향기가 가장 멀리 향기로운 곳… 어머니를 잃은 어머니가 찾아오는 곳/ 아버지를 잃은 아버지가 찾아와 무릎 꿇는 곳/ 종을 잃은 종소리가 영원히/ 울려 퍼지는 곳

                                                 ―〈명동성당〉 부분

    룸비니에서 사온/ 흙으로 만든 부처님이/ 마룻바닥에 떨어져 산산조각이 났다/ 팔은 팔대로 다리는 다리대로/ 목은 목대로 발가락은 발가락대로//……그때 늘 부서지지 않으려고 노력하는/ 불쌍한 내 머리를/ 다정히 쓰다듬어 주시면서/ 부처님이 말씀하셨다/ 산산조각이 나면/ 산산조각을 얻을 수 있지/ 산산조각이 나면/ 산산조각으로 살아갈 수 있지

                                                 ―〈산산조각〉 부분

위 〈명당성당〉 시는 김수환 추기경 탄생 100주년을 기념한 시비에 채택되어 국문과 영문으로 새겨졌다고 한다.

그는 부처님이 태어난 룸비니를 여행하다가, 흙으로 만든 좌상의 손바닥만 한 부처님을 사 왔다. 시간이 지나자 흙으로 만든 부처님이 잘못하다 떨어져 산산조각이 나면 어쩌나, 자나 깨나 그 걱정뿐이었다.

정호승 시인과 어머니

그런 어떤 날, 부처님이 나를 불렀다. "이 바보야, 산산조각이 나면 산산조각을 얻은 것이고, 산산조각으로 살면 되지." 하며 야단을 치셨다. 아닌 게 아니라 하루의 일과에도 고통스러운 일을 당하면 오늘은 고통스러운 조각을 얻었다고 생각하고, 그런 고통 조각으로 살았더니, 놀랍게도 고통이 다소 가라앉은 것으로 느낄 수 있었단다.

3.

진해 동향인 정일근 시인은 말이 필요 없는 시인이다. 〈바다가 보이는 교실〉이 중학교 1학년 2학기 국어교과서에, 〈어머니의 그륵〉이 고등학교 작문 교과서에 실리기도 했다. 아래 시는 소월시 문학상 수상작이기도 하다.

    모난 밥상을 볼 때마다 어머니의 두레밥상이 그립다./ 고향 하늘에 떠오르는 한가위 보름달처럼/ 달이 뜨면 피어나는 달맞이꽃처럼/ 어머니의 두레판은 어머니가 피우시는 사랑의 꽃밭./ … / 둥글게 둥글게 제비새끼처럼 앉아/ 어린 시절로 돌아간 듯 밥숟가락 높이 들고/ 골고루 나눠주시는 고기반찬 착하게 받아먹고 싶다./ … / 이제는 돌아가 어머니의 둥근 두레밥상에 앉고 싶다./ 어머니에게 두레는 모두를 귀히 여기는 사랑/ 귀히 여기는 것이 진정한 나눔이라 가르치는/ 어머니의 두레밥상에 지지배배 즐거운 제비새끼로 앉아/ 어머니의 사랑 두레먹고 싶다.
                                —〈둥근, 어머니의 두레밥상〉 부분

    어머니는 그륵이라 쓰고 읽으신다/ 그륵이 아니라 그릇이 바른 말이지만/ 어머니에게 그릇은 그륵이다/ …나는 학교에서 그릇이라 배웠지만/ 어머니는 인생을 통해 그륵이라 배웠다/ 그래서 내가 담는 한 그릇의 물과/ 어머니가 담는 한 그륵의 물은 다르다… 무릇 시인이라면 하찮은 것들의 이름이라도/ 뜨겁게 살아 있도록 불러주어야 하는데/ 두툼한 개정판 국어사전을 자랑처럼 옆에 두고/ 서정시를 쓰는 내가 부끄러워진다
                                      —〈어머니의 그륵〉 부분

나는 정일근 시인의 시 〈둥근, 어머니의 두레밥상〉 말미에 나오는, "어머니의 두레밥상에 지지배배 즐거운 제비새끼로 앉아, 어머니의 사랑 두레먹고 싶다"라는 시구와 〈어머니의 그륵〉에 나오는, "나는 학교에서 그릇이라 배웠지만, 어머니는 인

정일근 시인과 어머니

생을 통해 그륵이라 배웠다"는 시구에 탄복하고 말았다. 시 가락도 상큼하다.

이들 세 사람이 이름난 시인이 된 것은 자기들의 부단한 노력도 있었겠지만, 진정한 시인으로 만든 것은 그들의 어머니였다. 세상의 어머니들이 위대하지만 이들의 어머니들은 더 위대했다.

오탁번 시인은 세 살 때, 정일근 시인은 열두 살 때, 아버지를 여의었다. 오 시인의 어머니는 손이 많이 가는 목화 등 특작물을 가꾸느라 허리 펼 날이 없었고, 정 시인의 어머니는 시장통에서 식당을 하며 생선을 다듬느라 손에서 물이 마를 날이 없이 일하는 등 갖은 고생을 다하였다. 정호승 시인의 어머니도 아버지의 사업 실패로 생활고를 겪으시면서 '시는 슬플 때 쓰는 거다'며 일러주기도 하였단다. 이들의 어머니가 흘린 땀과 눈물은 이들 시인의 '시

밭이 되어, 고구마 줄기처럼 감동 시가 주렁주렁 달려 나왔다.

그리고 이들의 시는 쉽게 읽히는 시로서도 정평이 나 있다. 정호승 시인은 세상 살기도 힘이 드는데, 시가 어려우면 누가 읽기나 하겠는가도 했다. 특히 정호승 시인으로부터 "산산조각이 나면 산산조각으로 살면 되지"하는 '인생 금언'을 얻은 것은, 내 여생의 길잡이가 되고도 남으리라.

정호승과 정일근 시인은 어머니가 일구어 놓은 '시밭'에서 지금도 주옥같은 서정시를 거두고 있으나, 오탁번 시인은 안타깝게도 만개한 시밭을 남겨 둔 채, 유명을 달리하니 인생사 참으로 무심하다. 고인의 명복을 빌 뿐이다.

Chapter 3

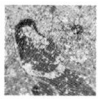

남해 단상, 둘

남해 하면 떠오르는 것이, 부드러운 모래의 백사장이 일품인 상주해수욕장과 다랭이마을이다. 층층이 계단식으로 펼쳐진 다랑논을 보노라면 삶을 위한 걸음걸이가 밥이란 걸 알았다.

상주해수욕장

십수 년도 더 되었을 것이다. 아들 딸 사위와 며느리 등 온 가족이 상주해수욕장에서 수정처럼 맑은 물과 보드라운 모래로 몸과 마음을 씻어 오려다 꼬맹이들의 일탈로 간만 콩알만 하게 만들고 왔다.

상주해수욕장의 풍광은 안온하고 그윽했다. 오리 남짓 이르는 백사장의 모래는 은가루를 뿌린 듯 부드러워 주단 위를 걷듯 감미로운 감촉을 느끼게 했다. 잠서도와 목도 등 여러 섬이 파도를 막아주어 해수면도 잔잔했다.

　그런데 느닷없이 일어난 꼬맹이들의 겹 사고에 가슴이 철렁 내려앉은 하루였다. 두 살에서 네 살까지 철부지들은 은가루를 뿌린 듯 부드러운 모래의 감촉을 작은 가슴으로도 감지했는지, 한사코 걷겠다는 바람에 한 번 걸어 보라며 내려놓았더니, 한 발자국도 떼지 못하고 엎어지고 넘어지는 등 난리도 그런 난리가 없었다. 세 살 먹은 손자 놈은 투우 자세를 취하고선 용을 쓰더니 토끼처럼 동그란 똥을 모래사장에 누는 바람에, 우리 모두를 한바탕 웃음으로 몰아넣기도 했다.

　오래간만에 가족들이 모이니 어른들은 어른대로 어울려 바다는 멀찍이 둔 채 이야기에 빠져들었고, 아이들은 잔잔히 밀려오는 파도와 장난치며 정신없이 놀았다. 그중 한 녀석은 입수를 원해 수영조끼를 입히고 원형 튜브를 가슴에 둘러주니 입을 헤벌리고 좋아하더니, 우리가 한눈파는 사이에 파도에 떠밀려 깊은 데로 나아갔다. 우리는 그런 줄도 모르고 잠시 뒤에 살펴보니 이놈이 보이지 않았다. 가슴이 덜컹 내려앉았다. 아, 큰일 났다 싶어, 사방을 휘둘러보니 저 멀리서 두 손을 내저으며 고함을 지르고 있는 것이 아닌가. 파도를 타고 놀다 튜브 속으로 몸이 빠진 모양이다.

　이 녀석은 죽는다고 고함을 질러댔지만, 주위의 어른들은 자기

가솔에만 신경을 쓰느라 옆 아이의 구원 요청은 못 듣고 있었다.

내가 "대규가 물에 빠졌다."며 고함을 지르고는 바닷속으로 뛰어들었다. 십여 명에 가까운 식구가 있었지만 수영을 할 줄 아는 사람은 내가 유일했다. 자식 놈들은 발만 동동 구르며 애만 태우고 있었지 어찌할 바를 몰랐다.

성이 머리끝까지 치민 내가 살다 보면 앞으로 어떤 일이 일어날지도 모르는데, 마음만 먹으면 수영같이 배우기 쉬운 운동도 없는데 하며 다그쳐도 다들 묵묵부답이었다. 그때 물에 빠져서 혼쭐이 난 녀석은 그 뒤로는 물만 보면 멀리 도망을 갔다.

그런 와중에 또 둘째 놈이 민밥집 주변의 개울물에 빠져 얼굴에 찰과상을 입어 오만상이 되었다. 오늘 꼬맹이들의 운세는 손해 수만 잔뜩 들었는가 보다. 그렇게 말썽 부리던 녀석들이 이제는 의젓한 중학생과 고등학생이 되었다. 우리 가족의 상주해수욕장 피서 여행은 이렇게 작은 소동을 피우고 끝이 났다.

가천 다랭이마을

어느 날 남해의 다랭이마을 사진을 보았다. 좁고 기다란 조각논들이 하늘 높이 줄지어 있다. 어떻게 그런 높은 곳에 논을 만들 수 있었을까 생각하면 할수록 의아했다. 사위를 졸라 다랭이마을을 찾았다.

산비탈을 따라 조그만 논들이 겹겹이 올라간 현장을 보는 순간

아찔했다. 그것도 무려 108층 계단을 따라 1,600여 개의 논들이 퍼즐처럼 연결되어 있다니 아연실색 않을 수 없었다. 논의 면적도 적게는 3평에서 커보아야 30여 평이 고작이지만, 그 조각 논들은 온 동네 사람들의 명줄을 쥐고 있으니 오르지 않을 수가 없었으리라. 그리고 얼마나 가파른 곳에 층을 지었는지 목과 고개를 아무리 치켜들어도 정상의 논은 하늘에 닿은 듯 보이지도 않았다.

짐작컨대 다랑논은 지형을 최대로 이용하였을 것이다. 논의 모습도 직사각형이거나 마름모꼴 등 각이 제대로 잡힌 논도 있겠지만 대부분은 모과나 쥐뿔같이 제멋대로 생긴 논일 것이다. 그런 논을 만물상을 조각하듯이 반듯한 논으로 만들기 위해 농부들은 새벽부터 바지게를 지고 가파른 언덕을 오르내리며 논둑과 물꼬를 손보았을 것이다.

그 어려웠던 시절에 가느다란 두 다리로 천 길 낭떠러지 같은 산비탈을 오르내린 우리들 아버지! 그 위대한 아버지의 이름이 소리 없이 지워져 가고 있는 현실이 안타깝다.

Chapter 3

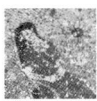

해인사 성철 큰스님

합천 해인사 하면 성철 종정이 생각나고, 새 운동화를 신고 경내를 부지런히 살피고 다닌 내 모습도 아련히 떠오른다. 20년이 훌쩍 넘었지만, 아스라이 떠오르는 잊지 못할 추억이다.

양산 통도사는 기장 만화동의 우리 선조 산소에 가는 남해고속도로 길목에 자리 잡고 있어 종종 가보았지만, 합천 해인사는 처음이었다. 마산 부림시장 잡화점 골목을 오르내리며 가뿐하고 볼이 넉넉한 운동화를 한 켤레 샀다. 그리고 도착하자마자 설레는 가슴을 다독이며 경내를 두루 기웃거리며 쏘다녔다.

정오가 되어 해인사 들머리에 있는 식당에서 산채비빔밥으로 점심을 하고 나오니 내 운동화가 감쪽같이 사라졌다. 구석구석을

이 잡듯이 뒤졌으나 허사였다. 좀 전의 환희는 어느새 사라지고, 가슴이 덜컹 내려앉았다. 동행한 친구들의 왁자지껄 떠드는 소리가 하나도 들리지 않았다. 해진 신발이 안쓰러워 새 신발을 살짝 벗어놓고 가는, 잔정을 적선하지는 못할망정, "남을 위해서 기도하고, 가난한 이웃을 먼저 도우며 살라"는 종정의 가르침이 귓전을 맴돌았을 것이고, 맨발로 슬픔을 부둥켜안은, 신 잃은 자의 허허탄식이 떠올랐을 텐데, 어찌 그리 슬쩍 하였을까. 세월이 많이 흘렀어도 끝내 지워지지 않는 영상이다.

기도하면 자신이나 가족의 소원을 먼저 빌지, 남을 위한 기도는 그다음이 아닌가. 그런데 성철 종정은 "너희 자신의 소원을 이루려고 절하지 말라. 절은 남을 위해서 하는 것이다."라며 선문 같은 말씀을 하시지 않는가. 남을 위한 기도가 나를 위한 기도가 되어, 아무리 복을 안 받으려 해도 좋은 일이 저절로 굴러 내게로 온다는 종정의 가르침이 너무나 가슴에 와닿았다.

대부분의 불자들은 사월초팔일이나 백중, 동짓날 등 이름 있는 날에는 절에 시주도 많이 하고, 정성을 다해 부처님께 간구하면 소원이 이루어진다고 믿고 있다. 그런데 종정은 "절에 시주도 많이 하지 말아라. 절에는 먹고살 만큼 논과 밭이 딸려 있으니 그런 돈이 있으면 가난하고 병든 네 이웃을 먼저 보살펴라." 하셨다. '극락을 하늘에서 찾지 말고, 네가 선 자리에서 찾아라.'는 말이 아니겠는가.

또한 종정은 일반 중생들에게 자비심을 심어 줄 요량으로 "나를 만나려거든, 해인사 대웅전의 불상을 향해 삼천 배를 먼저 올리라."는 일침에 일반 불자는 말할 것도 없고, 정치인 등 고위 공직자들도 종정과의 만남을 아예 엄두도 못 내었다고 한다.

내가 오래전, 동네 반장을 할 적의 일이다. 석가탄신일에 시장이 절에 들르니 절 입구를 깨끗이 청소해 달라는 동사무소 직원의 말에 거절 못 하고 주민들을 데리고 골목 구석구석을 비질한 일이 있다. 그런데 종정은 서슬이 시퍼런 유신 시절, 대통령이 만나려 해도 "나는 산중에 사는 중인데, 대통령 만날 일 없다."며 딱 거절한 기개에 놀랐었고, 그의 고결한 심성에도 더욱 매료되었다. 나는 이런 종정의 일화를 통해 신자가 아니면서도 불교에 심취하는 계기가 되었다.

팔만대장경이 보관되어 있는 장경판전의 주련에는 다음과 같은 경구가 있다.

圓覺度量何處 원각도량하처

現今生死卽時 현금생사즉시

행복한 세상은 어디에 있는가?

당신이 발 딛고 있는 바로 이곳이다

이 경구만 보고 가도 해인사 참배는 다 한 것이나 마찬가지인데, 대부분의 참배객은 그냥 지나쳐 가버리니 참으로 안타깝다.

어느 땐가 그가 태어난 산청 겁외사를 찾아가 본 일이 있다. 고승이니 큰 유품이 전시되어 있으려니 했다. 그런데 기념관의 유품이래야 누더기 두루마기와 기워 신은 덧버선, 모나미 볼펜 두 자루, 메모 용지로 쓰려고 잘라 놓은 헌 캘린더 이면지 등이 전부였다.

8년간 눕지도 자지도 않은 장좌불와長坐不臥를 수행하면서, 졸음을 어떻게 이겨 냈느냐는 어느 스님의 물음에, 종정은 언성을 높여 "나는 사람이 아이가?" 하며 노기 띤 얼굴로 노려보았다고 한다. "너 자신을 속이지 말라"는 가르침을 몸소 보여 준 언행이었다.

종정은 생식으로 하루에 한 끼만 먹었고, '열두 가지 다짐'을 손수 정해 놓고 모질게 수행하신 것을 보면 경외감마저 든다. 그중 "속세의 헛된 이야기에는 귀도 기울이지 않으리라. 비구니 절에는 그림자도 지나가지 않으리라. 다른 이의 허물은 농담도 않으리라."라는 다짐이 눈길을 끈다.

종정은 불국토에만 마음을 쏟고 사느라, 진작 사부대중이 사는 지상에는 얼굴을 잘 드러내지 않았다. 종정 취임식 때도 "산은 산이요 물은 물이다."라는 법어만 던진 채 나타나지 않았다. 그의 어록인 "남을 위해 먼저 절하고, 네 이웃을 보살피라."는 말씀은 사랑 없이는 실천할 수가 없다. 그러니 남을 사랑하는 사람은 누구보다도 값있는 인생을 산다는 말씀이 아니겠는가.

　그간 우리는 종정을 괴팍하여 까다롭고 기행을 일삼는 유별난 스님으로만 보았지, 진심으로 바라보지는 않았다. 그런데 알고 보니, 그는 우리 곁에 잠시 왔다 간 살아 있는 부처였다. 이기심으로 가득한 세상에 참되고 소박한 가르침을 주고 간 그가 몹시 그립다.

Chapter 3

사육신과 차원부 설원기

역사란 선행과 악행의 기록일진대 아름다운 역사만 기대할 수는 없다. 그렇기는 해도 조선 초기 움트고 꽃피는 아름다운 이야기는 나라 어느 곳에서도 들리지 않았다. 유교를 국교로 정한 나라이면서도 개국하자마자 골육상쟁으로 날을 지새우니, 군군신신부부자자君君臣臣父父子子 임금은 임금답고, 신하는 신하답고, 아비는 아비답고, 자식은 자식다워야 한다는 거룩한 공자의 말씀이 뿌리내릴 새가 도저히 없었다. 오직 모함과 아첨만 횡행한 것이 조선조 초기의 모습이었다.

십수 년 전 강원도 영월에서 김삿갓 문학행사를 마치고 숙부 세조에게 죽임을 당한 비운의 임금 단종이 묻혀 있는 장릉을 참배했다. 홍살문을 지나 오른편에 있는 단종역사관의 지하 전시관에 들렀다가 깜짝 놀랐다. 지하 계단을 내려 유물들을 살피니 우리 차문車門인 운암공의 억울한 죽음을 청원한 《차원부설원기雪寃記》가 비치되어 있지 않은가.

이 설원기는 고려 말의 충신이요 성리학자인 운암雲巖 차원부의 억울한 죽음을 설원해 주기 위하여, 조선의 집현전 학사인 박팽년 공이 문종의 명을 받들어 찬술하여 세조 2년(1456)에 나라에 바친 서책으로서 하위지 공이 서문을 썼고, 성삼문과 유성원, 이개 등 사육신을 위시해서 명사 48인이 시문을 지어 나라에 바친 기록물이다.

그러나 이 서책은 설원기 편찬에 참여했던 하위지, 박팽년, 성삼문 등이 단종 복위 운동이라는 의로움을 행하여 간행을 보지 못하다가, 숙종 34년(1708)에 단종이 복위되고, 사육신 등이 신원伸寃되면서 세상에 알려지게 되었다. 편찬에서 반포까지 무려 252년의 세월이 흘렀다.

이렇게 설원기는 단종 복위를 꿈꾸다 비운의 죽임을 당한 사육신이 주축이 되어 써 올린 서책이라, 단종역사관에 보관하게 되었을 게다.

운암은 고려 말에 나라가 기울어지자 모든 관직을 내려놓고 황해도 평산 수운암동에 퇴거하여 은둔생활을 하고 있었다. 그는 태조의 부름이 간절하여 그의 문객門客으로 궁에 머물며 태조와 우의를 나누기는 했으나, 벼슬만은 끝내 거절하고 고려의 유신遺臣으로 남았다.

이에 이방원의 무리들은 '차원부는 정몽주의 외종형으로, 조선조 건국에 이바지하지 않았고, 정몽주의 당류黨類이므로 차후가 의심스럽다'는 누명을 씌워 죽이니, 그때가 태조 7년(1398)이었다. 역사는 이렇게 몰지각한 정상배들에 의해 얼룩지니 통탄할 일이 아닐 수 없다.

선대의 왕자의 난을 보아온 세종은 그의 적장자인 문종에게 왕위를 물려주었다. 문종은 성품이 인자하고 효성과 우애도 깊고 슬기로운 임금이었다. 부왕의 법도를 그대로 따랐으므로 나라가 태평하고 백성이 편안하였다. 병약한 것이 흠이라면 흠결이었다.

한번은 문종이 편전에 집현전 여럿 학사를 불러 "경들은 선왕이 신임하시던 신하요, 과인이 지주같이 의지하는 분들이 아니요, 이제 내 수한이 오래지 못할 것 같으니, 어린 세자를 잘 보필하여 주시오."라며 부탁을 하고는 얼마 지나지 않아 돌아가시니, 그때 문종의 춘추는 39세였다.

문종의 뒤를 이어 왕위에 오른 이가 겨우 열두 살 난 어린 단종이다. 단종은 세상에 나온 지 이틀 만에 어머니(소헌왕후)를 여의고, 열두 살에 부왕마저 잃으니, 참으로 기구하고 가련한 임금이었다. 단종은 이렇게 기구한 운명을 타고났으나, 총명하고 언행이 침착 정중하여 명군으로서 바탕이 뚜렷한 임금이었다.

그러나 숙부인 수양대군을 따르던 무리는 영상 황보인과 정분 그리고 북방을 개척하고 육진을 구축하여 놓은 김종서 일당이 안평대군을 추대하려는 모반을 도모하니 상감께 아뢸 겨를이 없어 먼저 죽였다고 고하니, 단종은 올 것이 왔다며 보위를 숙부인 수양대군에게 넘겨주었고, 그때가 1455년 윤 6월, 재위기간 겨우 3년 2개월이었다.

설원기는 충직하고 의협심이 강한 집현전의 학사인 사육신을 중심으로 쓰였으므로 이들 몇 분의 행적을 들여다보는 것도 의미가 있으리라.

성삼문은 세조가 직접 국문鞫問하는 자리에, '전하'라 불러주면 살려주리라는 회유책에도 '나리'라 부르며 응하지 않았다고 한다. 성삼문이 수레에 실려 형장에 끌려가면서 읊은 시 한 수가 전한다.

擊鼓催人命 격고최인명
回頭日欲斜 회두일욕사
黃泉無一店 황천무일점
今夜宿誰家 금야숙수가

북소리 울려 목숨을 재촉하고
돌아보니 해는 서산에 지려 하는데

황천길에 주막 하나 없을 것이니

오늘 밤은 뉘 집에 유숙할고

  박팽년도 문장과 재덕이 출중한 집현전의 학사로서 세조가 등극하던 날, 비분강개하여 경회루 연못에 투신하려다 주위의 만류로 미수에 그쳤고, 때를 기다리느라 충청감사, 형조참판의 지위를 이어갔다.

  세조는 "네가 나의 녹을 먹었고, 나에게 신臣이라 일컫는 넌데, 어찌하여 배반하느냐."라고 힐문을 하니, 나는 상왕의 신하일 뿐 '나리'의 신하가 아니라며 대들었다. 이에 세조는 증거를 댈 양으로 충청감사로 있을 때 올린 장계를 가져오라 하니, 거기에는 신臣이 아닌 거巨 자가 쓰여 있었다고 한다. 그들이 지킨 절개는 오늘도 푸르고, 장렬한 불굴의 의기는 하늘에 이르고도 남으리라.

Chapter 3

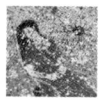

동심을 돌이켜 추억하다

 아내가 무릎인대가 늘어나 너더댓 달 병원을 다녔다. 점심 차려 주는 것도 힘들어해 근처에 사는 딸애 집에서 점심을 해결했다. 점심을 먹고 나면 산길로 집에 온다. 오는 길목에 있는 초등학교 운동장에서 세상모르게 뛰어노는 학동들을 본다. 내 유년을 뒤돌아보듯, 내 마음도 같이 콩다콩 뛴다.
 곧장 진해탑이 있는 제황산 샛길을 헐떡이며 오르면 이내 부엉이 광장이다. 광장 벤치에서 잠시 앉아 있다가 이내 산모롱이를 두어 번을 돌면 바로 집에 이른다. 요즘 나의 일과다.
 점심을 먹고 애들 학교에 이르면 12시 반쯤 된다. 점심을 빨리 마친 아동들은 운동장에 나와 공을 차거나 야구를 한다. 어떤 날에는 원반던지기를 하며 노는 놈도 있다. 그때 손자와 같이 나오는 친구가 재훈이다. 이 녀석은 얼마나 착하고 예절이 바른지, 녀석이 운동장에 손자보다 먼저 나오면 우리 손자가 못 나온 이유를 미주알고주알 다 알려준다. 두 녀석은 남이 보면 샘이 날 정도로 항상 붙어 다닌다. 우리 손자가 뒤늦게 달려 나오면 또 같이 뛰어와 인사하고 간다.

어쩌다 만나는 손녀는 하늘 오르기 기구 중간쯤에서 손만 번쩍 든다. 이 녀석은 남자 기질이 있어 진해루에서 한겨울에 연을 사달라고 매달리는 아이다. 그때 사주지 못한 것이 손녀를 만날 때마다 가슴이 저려온다.

양지바른 응원석에 앉아 녀석들의 운동하는 모습을 보고 있으면, 지난 추석 때 인근에 있는 초등학교에서 야구를 한 일이 생각난다. 이대호 선수처럼 덩치가 큰 서울 손자는 홈런도 잘 치고 피칭 폼도 좋다. 공에 스피드가 붙어 있다. 한 살 적은 김해 손자는 꾀가 많아 번트도 잘 대고 피칭을 해도 치기 좋은 공은 주지 않는다. 진해 손자 녀석은 왼손잡이다. 이놈은 축구, 야구 등 못하는 운동이 없다. 또한 재빠르다. 1루에서 살기에는 힘들다 싶어도 그 빠른 발을 이용해 1루를 향해 질주한다.

이놈들이 이곳 학교에 같이 다니면 멋지게 야구 한판을 벌일 텐데… 아득한 추억을 회상하면서 놈들의 야구 경기를 재미나게 보곤 한다. 우리도 어릴 적에는 미군 부대에서 흘러나온 글러브나 배트를 가지고 야구를 한 기억이 머리를 스치고 지나간다.

50 나이에 대학 문을 두드린 나는, 동기들 나이가 좀 들었다 해도 손아래 동생뻘이고, 개중에는 자식 같은 동기도 더러 있다. 그들과 어울려 지내다 보니 나도 모르게 보수적인 색깔이 회색이 되어버렸다.

이데올로기는 노년에 이르면 이를수록 변하지 않고 자기 색깔을 고수하려 든다고 한다. 아이들과 어울리고, 중년의 동기와 어울려 지내다 보니 나도 모르게 생각의 폭이 넓어졌다. 시류에 얽매이지 않고 그냥 경청하는 것도 이들 동기들의 영향이 아닐까 한다.

일찍이 손자 손녀를 둔 친구들은 아무리 편하게 잘 지내도 얼굴이 쭈글쭈글한 친구가 많은데, 나는 새파란 놈들과 놀고 아직도 생각이 깊은 동기들과 어울려 늙을 새가 없는지 아직 주름살도 그리 많지 않다. 친구들은 곱게 늙는 무슨 비결이 있느냐며 캐물으며, 그 골치 아픈 글은 어떻게 쓰느냐며 힐문하는 친구도 있다. "다 어린 녀석들과 젊은이와 어울려 산 덕이다."라고 하면 수긍하듯 고개를 끄덕인다.

나는 이렇게 노년을 거꾸로 살아간다. 노년이 되면 오기 마련인 외로움도 아직은 모른다. 내가 만나는 문우의 대부분이 예쁘게 늙어가는 여성이라 하면 다들 부러워한다. 오늘도 여자 문인들을 만나느라 로션을 찍어 바르고 거울에 비친 내 모습을 유심히 살피고는 집을 나선다. 요즘 나는 어느새 화장하는 남자가 되어버렸다.

Chapter 3

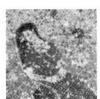

아저씨, 고마우신 아저씨

아저씨, 우리 아저씨, 다시 한번 불러 보고 싶은 우리 아저씨들! 아저씨들은 나를 만날 때마다 "아버지, 잘 계시나, 아버지 잘 모셔야 한다. 느그 아버지 같은 사람 없다. 어머니도 장사 나가시고. 공부도 열심히 하제." 하시며 교훈敎訓의 말씀을 하시고 지나가시지, 그냥 지나가시지 않으셨다. 나는 이런 좋은 아저씨를 세 분이나 두었어도, 아저씨들에게 조그마한 인사 하나 제대로 못 하고 산 것을 생각하면 후회막급이다.

그때 아저씨들과의 정분을 조금만 더 가슴에 간직하였더라도 차 한 잔, 따뜻한 밥 한 그릇은 대접할 수 있었는데, 왜 그때는 소견머리가 나를 피해 갔을까 생각하면 할수록 가슴이 아려 온다.

아저씨 존함도 한 분은 기억나지 않지만, 두 분의 아저씨는 소상히 알고 있다. 회춘당한약방 진실봉 아저씨와 미싱 대리점 양임환 아저씨다. 또 한 분 미군 부대에 다니시는 윤 씨 아저씨 존함은 그만 잊어버리고 말았다.

우리는 회춘당한약방 뒷집에 살았다. 아저씨는 정신병을 잘 고친다는 소문이 입에서 입으로 전해져 전국에서 환자들이 기차로 여객선으로 모여들었다. 우리 집 방 한 칸을 병실로 이용하기도 했다. 아저씨는 진해 천주교 본당 초대 회장을 맡으신 이력이 말해주듯이 하느님을 극진히 섬기시는 분이셨고, 대구에서 발행하는 천주교 계열의 신문사 지국도 운영하시었다. 그뿐만 아니라 서점도 경영하시는 등 바쁘게 사신 어른이시다.

특히, 성당에 다녀보라는 아저씨의 말씀을 거역하지 못하고, 천주교 예비신자로서의 교리 공부를 다 마치고도 영세는 받지 않았다. 당시 나는 예배당에 다니고 있어, 어린 마음에도 천주교로 개종이 선뜻 마음 내키지 않았다.

아마 초등학교 5학년일 때일 것이다. 나는 한 2년 동안 진해역 주변을 시발점으로 벽돌간*을 경계로 한 시가지 일원에 신문을 돌렸다. 내 구역의 신문을 받아보는 고객은 주로 성당에 다니는 교우였다. 그러니 신문 부수가 늘지도 줄지도 않아 배달은 수월했지만, 새벽 일찍 진해역에서 신문을 받아 들고 배달을 마친 후 학교 가는 시간이 너무나 빠듯했다.

중학생이 되었을 때 아저씨는 영어 공부를 열심히 하라며 영어 사전을 선물로 주셨다. 영어 교과서를 구입하지 못한 나는 틈만 나면 사전을 펴들고 단어를 외우고 용례와 관용구 등을 익히기도 했다.

내가 군대를 갔다 와서 빈둥거릴 때, '한국 공무원 진해 소비조합' 직원으로 추천해 주신 어른이 미싱 대리점을 경영하시는 양 씨 아저씨였다. 아저씨는 그때 조합의 이사장으로 계셨다.

미군 부대에서 목공 일을 하시는 윤 씨 아저씨는 수시로 우리 집에 와서 집을 손보아 주시었다. 명색이 3칸짜리 기와집이었지만, 집만 한 채 둥그렇게 지어 놓았을 뿐, 창고며 부수되는 세간 등을 다 갖추지 못해 손댈 곳이 많았다.

세상 사람들은 대부분 '나는 인복이 있다, 없다'를 예사로이 말한다. 다들 자기 기준에서 복을 계량해서 그럴 것이다. 하지만 인복은 서로 상종하는 전제前提가 따르기 마련이니, 함부로 인복 운운할 일은 아니다. 인복은 나 같은 사람을 두고 복을 잘 타고났다고 말할 수는 있을 것이다.

나는 세 분의 아저씨로부터 한없는 사랑과 가르침을 받았는데도, 어른들이 안 계신 지금에 와서야 이 복의 개념을 인지하게 되었으니, 나는 부끄럽고 가련하기 짝이 없는 사람임에 틀림없다.

그나마 윤 씨 아저씨와 회춘당 아저씨에게는 설이나 추석이 오면 담배나 정종 등 조그만 선물을 사 들고 인사를 다녔지만, 양 씨 아저씨는 엎어지면 코 닿을 만치 한 이웃에 사셨는데도 찾아뵙지를 않았다.

윤 씨 아저씨는 '스테이크 하면, 고기가 듬뿍 들어간 미국산 스테이크에 백포도주 한 잔이면 그만이지요'라는 미식가들의 호들갑에도 호응하지 않으셨다. 외국군 부대에 품을 팔고 계셨지만, 외국의 이름난 음식이라고 안달하지도 않는, 꿋꿋하게 사신 어른이셨다. 아저씨는 조갯살을 듬뿍 넣은 파전 한 접시에 막걸리 한 사발이면 '어허, 막걸리 참 맛있다' 하시며 들이켰을 어른이신데, 지지리도 못난 나는 그런 간단한 인사도 하지 못하였다.

사랑을 베푼 이와의 밥 한 끼는 인연을 잊지 않는 것이고 정이며 안부일 텐데, 어르신 생전에 그런 작은 인사도 못 하고 사람의 형상을 하고 살았으니 얼굴 들고 다니기에도 부끄럽다. 너무 늦기도 하지만, 그래도 아저씨들이 베풀어 주신 하늘 같은 은혜를 갚는 일이 무엇일까 골몰하다가, 아저씨들이 몸소 실천한 '이웃 사랑'을 반의반이라도 하는 것에 생각이 미치었다. 그리하면 아저씨들은 '그래, 고맙다. 사람 사는 일이 별것 있나. 이웃이나 친구들이 어려울 때 손잡아 주고 살면 되지.' 하시며 천상에서도 반가워하지 않을까 싶다.

＊벽돌간: 벽돌을 만드는 공장이 있었던 곳(지금의 대야동).

Chapter 3

노인 운전에 품은 생각

　일주일에 한 번 잡을까 말까 하는 운전대를 아직도 미련을 갖고 내려놓지 못하고 있다. 편리성 때문이다. 경제성은 제쳐두고라도 바쁜 일이 생겨 콜택시를 부르면 택시도 바쁜지 빨리 오지 않는다.
　외국에서 고령자는 의료평가와 실차 운전평가를 병행한다는데, 우리나라는 75세 이상 고령자의 경우 보건소의 적성검사와 운전교육을 받으면 3년간 운행 허가를 재발급해준다. 이렇게 형식에 치우친 검사보다 정신건강과 함께 순발력과 상황판단 능력 등 신체기능에 비중을 두어 평가를 하면 더 낫지 않을까 싶다. 산불감시원의 경우 모래 반 가마니를 둘러메고 60미터 달리기 시험을 치

• 138 •

르듯 말이다.

내가 처음 운전대를 잡은 1990년대만 하여도, '나는 이러이러한 사람이다'라며 뽐내듯이 금빛 찬란한 라이온스나 로터리 등 봉사단체 마크를 차량의 창문에 턱 붙이고 다니는 사람이 많았다. 이들 마크 말고도 처음 운전대를 잡는 초보 운전자도 '초보 운전'이라는 커다란 표지를 거리낌 없이 달고 다녔다. 지금은 '어린이 타고 있음' 표지 말고는 자격지심일까, 초보운전자 표지를 달고 다니는 운전자를 찾아보기 힘들다.

차선 변경을 하려고 방향지시등을 켜고 있어도 저 멀리서 쏜살같이 달려오는 차량을 본다. 대개 젊은이가 모는 차들이다. 그러니 차선 변경을 하려도 여간 신경이 쓰이지 않는다. 적색등이 켜지기가 무섭게 달려 나오려다 반대 방향으로 회전하는 택시와 충돌하는 아찔한 장면도 보았다. 무엇이 그리 바쁜지 사정없이 달려 나오는 승용차 운전자는 젊디젊은 아가씨였다. 도로에서 밥벌이하는 택시 기사로부터 호된 꾸지람을 받는 처량한 모습도 보았다.

고령자 운전 마크가 있다기에 백화점을 샅샅이 뒤져도 찾지 못했다. 이제 초고령자 사회로 급진적으로 변화하고 있는 마당에, 이런 노인 마크 하나라도 재빠르게 공급해서 노인 운전자를 보호하면 사고를 미연에 방지할 수도 있으련만, 사고는 노인들이 많이 낸다며, 도로에서 끌어내기에만 급급하다. 대부분의 노인들은 앞뒤 좌우 살피며 방어운전을 하는 줄은 모르고 꿈틀거린다며 퇴박까지 한다.

　얼마 전 임시로 만들어놓은 주차장에 차를 대다가, 생사람 잡듯 하는 무안을 당하기도 했다. 도서관을 이용하는 차량이 대부분인 주차장에 차 한 대라도 더 주차할 수 있게 상대 차에 바짝 대어 놓고 하차하려다 상대 차량에 내 차문이 살짝 닿았다. 50세 전후로 보이는 여인이 나오더니만 자기 차는 블랙박스가 설치되어 있다며 이미 긁힌 자국을 가리키며 보상해 달라며 막무가내로 대들었다. 하도 어이가 없어 정비공장에 가서 해결하자 하고는 그 자리를 피했는데, 귀가하려다 또 그 여인을 만났다. 밤새 마음이 편치 않을 것 같아 지갑을 털어 2만 기천 원을 건네며 그 자리를 떴다. 자기 차에 닿았다고 이미 나 있는 자국까지 물리려 드는 이 여인을 '철면피 여인'이라 할까, '흡혈귀 여인'이라고 부를까.

　어느 화창한 봄날, 바람도 쐴 겸 외지로 차를 몰았다. 모퉁이를 돌아 고갯길을 오르는데, 뒤차가 빨리 가지 않는다고 '빵빵' 경적을 눌러댄다. 나는 시야가 가려진 산모퉁이라 이내 브레이크를 밟으며 굼벵이처럼 꿈틀대는 앞차를 추월할까, 기다릴까 망설이고 있는데, 건장한 청년이 차에서 내리더니 "누가 빵빵거렸어요."하며 노려본다. "나도 앞차가 하도 꿈틀거리기에 경적을 누를까 하다가 그냥 참았는데…." 하며 쳐다보니, 그 녀석은 내 시선은 피한 채, 내 뒤차를 힐끔 보더니 그만 차를 몰고 가버린다. 잘못 경적을 울렸다간 생파리같은 젊은이한테 낭패를 당할 뻔도 했다. 무서운 세상이다.

운전하다 보면 느닷없이 변고도 생기기 마련이다. 이럴 때 노인들이야 마음만 급했지 그 자리에 서 있기 마련인데, 재빨리 달려오는 이는 그래도 젊은이였다.

어느 날, 차를 몰고 우리 집 근처 초등학교 정문을 막 지나다가 갑자기 차가 멈추어 섰다. 불시에 일어난 일이라 나는 차에서 내려 멍하니 서 있는데, 내 차를 따르던 젊은이가 오더니 "아저씨, 놀라지 마십시오. 평소에 차 정비를 소홀히 하면 차가 불시에 멈출 때가 있습니다. 배터리 교환한 지가 오래되지 않았습니까?" 물으며 견인차를 부르는 등 뒤처리를 말끔히 해주고는 나를 위로하고 떠나갔다. 자신도 볼일이 있을 텐데, 노인의 끙끙거리는 마음을 미리 알고 선뜻 나서 도와주니 고맙기 그지없었다. 그곳은 스쿨존 근처고, 고갯마루라 빨리 처리하지 않으면 안 되는 곳이었다.

이렇게 노인을 보살피는 젊은이가 있는 반면에, 어쩌다가 운전 에티켓을 지키지 못해 양해를 구해도 이해는커녕 사정없이 따지고 드는 젊은이를 보면, 아닌 게 아니라 운전대 잡기도 망설여진다.

장애인도 운전하고 사는 세상에 건강한 노인들을 길거리에서 몰아내는 것만이 옳은 시책이라 할 수는 없다. 보행이 불편해도 운전대만 잡으면 전국 어디에도 갈 수 있는 것이 운전이 아닌가. 지팡이 짚고 다니는 친구를 태우고 점심 먹으러 가거나, 무릎이 시원찮은 아내를 옆에 앉히어 가까운 백화점에도 갈 수 없다면야, 노인들은 무슨 재미로 살란 말인지, 섭섭하다 못해 비애를 느낀다. 노인 운전, 무슨 문제가 있는지 꼼꼼히 짚어볼 때가 되었다 싶다.

Chapter 3

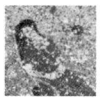

씨름과 스모

옛날 우리의 씨름은 정월 대보름이나 백중 그리고 한가위 날에 주로 열렸다. 이날의 볼거리는 뭐니 해도 동네 대항 씨름이 으뜸이었다. 동네에서 힘깨나 쓰는 장정들이 모여서 힘을 겨루어 우승하면 송아지 한 마리를 타오고, 동네에서는 질펀하게 술잔치가 벌어져 고달픈 일상도 잊는, 환희의 마당이 어스름 이르도록 펼쳐졌으리라.

우연히 일본인이 즐기는 스모 경기를 보았다. 처음에는 거구의 장사들이 뒤뚱거리며 걸어 나와 좁다란 스모 판에서 곰 싸움하듯 밀치기만 하여 재미라고는 손톱만치도 없어 한동안은 거들떠보지 않았다. 그런데 자세히 들여다보니, 스모만큼 재미있는 경기도 드물다. 씨름과 레슬링이 결합되었다고나 할까, 공격 부위가 다양하고 승자가 되어도 포효하지도 않는 정중鄭重함이 마음에 들어, 이제 나는 스모 경기를 기다리는 팬이 되고 말았다.

우리들의 놀이문화가 활발하지 않았던 1980년대 초반에만 해도, 일반 청장년층은 억눌린 자유를 야구나 씨름 등 스포츠 경기를 보면서 풀었다. 특히, 씨름 경기는 온 국민이 즐기는 국민스포츠였다. 이만기 선수가 전봇대나 다름없는 이봉걸 선수를 가슴팍으로 파고들다가 잽싸게 호미걸이로 넘기는 것을 본 시민들은 다들 환호하며 즐겼다. 그러니 씨름 경기가 열리는 날이면 길가 전파사나 안경점 등 티브이를 설치한 가게 앞에는, '길거리 가설극장'이 열렸다.

요즘에도 씨름 대회가 각 지방에서 축제 형식으로 열리지만, 예전처럼 즐기지도 않는다. 두 선수가 마주 앉기만 하면 샅바싸움을 하느라 눈을 부라리고 있는 모습에 신물이 나서, 나도 이내 다른 프로로 채널을 돌리고 만다.

모든 운동은 공정이라는 잣대가 우선시된다. 육상 트랙 경기의 경우 출발신호는 아주 엄격하다. 특히, 0.01초 차이로 승부가 결정되는 단거리 경기에서는, 출발신호가 떨어지고 0.1초 안에 움직이면 가차 없이 부정 출발로 간주되어 실격시킨다.

스모 경기의 시작도 두 선수가 웅크리고 있다가 상대를 향해 돌진하는데, 대부분 심판의 신호 없이 선수들끼리 암묵적으로 합의

하여 이루어진다고 한다. 그런데 우리 씨름은 샅바싸움에다 어깨 싸움까지 하느라, 시합도 하기 전에 땀을 뻘뻘 흘리는 것을 보노라면, 진짜 욕이 목구멍까지 차오른다.

뿐만 아니라 씨름은 토너먼트로 경기를 치르다 보니, 대진 운이 좋으면 결승에 올라 우승의 영예도 누린다. 어떤 선수는 샅바싸움 하나로 천하장사가 된 선수도 있었다. 또한 매번 천하장사가 탄생되니, 씨름 좀 한다 하면 천하장사가 아닌 사람이 없을 정도로 흔하다.

그런데 스모의 천하장사인 '요코즈나' 발탁은 아주 신중하게 이루어진다. 두 번 이상 이기는 것은 물론이고, 최근의 성적 등을 감안하여, 스모협회에서 엄중한 심사를 거쳐 결정한다. 그러한 과정을 거치다 보니, 1,500년의 긴 역사를 가지면서도 요코즈나에 오른 선수는 불과 74명뿐이라 한다.

이들의 경기 장면을 보아도 판정이 아주 엄격하다. 주심이 승패를 판정하기 어려울 때는 '승부 심판' 5명이 최종 판정을 내리고, 선수는 절대 복종한다. 또한 요코즈나가 되면 그가 은퇴할 때까지 강등은 없고, 대신 성적이 따르지 않으면 스스로 물러난다.

역사적으로 보아도 우리 씨름 하면, 단원 김홍도의 씨름 그림이 우선 떠오른다. 이 그림을 보면 경계선도 없이 구경꾼이 빙 둘러앉은 중앙에서 한 씨름꾼이 들배지기 기술을 시도하고 있다. 이러한 씨름은 '동네별 줄다리기'와 함께 장정들의 힘 자랑 정도로 여겨 규칙도 까다롭지 않았다.

　이에 반해 스모는 4.55미터의 좁은 '도효'라는 씨름판에서 경기가 치러지고, 발바닥 이외의 부분이 지면에 닿거나 도효 밖으로 밀리면 패한다. 그러니 이런 좁은 곳에서의 경기는 밀어내기가 우선시될 수밖에 없어 단조롭게 보이지만, 무릎 받혀 넘기기, 안다리나 바깥다리 걸기 등 80여 가지의 기술이 발휘된다고 한다.

　요코즈나 바로 아래 상위계급인 오제키, 세키와케, 고무수비 선수들이 씨름판 경계선에 이르러 펼치는 기술을 보니 손날치기, 뒷걸이 등 손과 발의 기술은 물론이고 뒤집기 기술도 전광석화처럼 재빠르다. 평소 체력과 기술연마를 철저히 한 덕분일 것이다. 그러니 1군 격인 마쿠우치(幕內)에 속하는 40여 명의 선수들 중 170킬로그램 이상의 거구 선수는 그리 많지 않았다.

　하와이 출신의 요코즈나인 아케보노나 무사마루 등 두 장사가 2미터 이상의 키에다, 230킬로그램의 몸무게로 요코즈나에 올랐지만, 그 외 요코즈나를 지낸 아사소루, 하쿠오, 가쿠류 등 몽골 출신의 장사들은 대개가 150킬로그램 전후의 근육질의 몸매였다.

　스모는 체급 구분 없는 경기다 보니 몸무게가 경기에 절대적이라 하지 않을 수 없다. 그러니 보양식 '진코나베'를 먹으며 우선 몸을 키운다. 하지만 이 거구의 몸집은 순발력 둔화를 가져와, 상대방의 조그만 변칙기술에도 무너지고 마는 역현상도 생기기 마련이다. 그러니 자기 몸에 걸맞는 체중 관리야말로 천하장사인 요코즈나로에 이르는 첩경인 셈이다.

　유도를 비롯하여 레슬링 등 모든 격투기 경기는 단판 승부다. 우리 씨름만이 3판 2승제로 겨루다가 최종에는 5판 3승제로 승자를 가리는데, 이도 마땅치 않다. 스모는 단판으로 겨룬다.

　힘을 겨루는 스포츠의 경기 방법은 나라와 문화에 따라 다르게 발전되어 왔다. 스모는 궁중 의식의 일환인 귀족들이 즐기는 경기로 출발해서인지, 경기규칙이 세밀하고 아주 엄격하다.

　그런 반면에, 민속에서 시작된 우리의 씨름은 대충 샅바를 잡고 힘을 겨루었지, 샅바에 따른 유불리를 그리 따지지 않았다. 그렇지만 현대인의 시각으로는 샅바를 잘 잡고 못 잡고에 따라 승부에 영향을 주기 마련이니, 승패가 미심쩍다. 결국 관중은 경기장을 떠날 수밖에 없다.

　씨름과 달리 스모는 두 선수가 마주 서면 꽉 차는, 좁디좁은 '도효판'에 올라서면 죽든 살든 그 자리에서 승부가 결정 난다. 우리 씨름만이 삼세번에다. 지름 8미터나 되는 대형 씨름판 밖으로 밀려나도, 고의가 아니면 다시 경기를 치른다. 지루하기 이를 데 없다.

　우리의 씨름도 이제 단단한 스포츠 경기로 전환하기 위해서는, 고질적인 샅바싸움이 배제되는, 획기적인 경기규칙을 마련하여야 한다. 그리고 천하장사 체급 하나만이라도 단판제로 승부를 겨루고, 리그로 운영하는 것도 한 방법이 되지 않을까 싶다.

Capter 4
—
꽃 세상, 형형색색

황국현 作 〈꽃 잔치〉

어느 땐가는 그곳을 집사람과 여행하다가
차편이 떨어져 일박한 후,
아침에 찾아간 중앙시장에 있는
허름한 식당의 밥상은 지금도 잊지 못한다.
주문하지도 않았는데 수협 직원이 들고 온,
펄떡거리는 자연산 광어를 도톰하게 회를 떠
커다란 접시에 담아오는 바람에
아침부터 소주병을 비운 적도 있다.

―〈통영 기행 이것저것〉 중에서

Chapter 4

보험과 주례

"성찰하지 않는 삶은 살 가치가 없다."《소크라테스의 변명》에 나오는 말이다. 남이 이렇게 저렇게 살아 보라며, 말해줄 수는 있으나 그것을 결정할 수 있는 주체는 자기 자신이 아닌가. 그러함에도 나는 내 삶을 뒤돌아보기는커녕 그 아까운 청춘을 어영부영 보내다가, 지천명에 이르러서야 나의 삶에 대하여 회의하기 시작했다.

나도 어릴 때는 꿈 많은 소년이었다. 그 꿈은 항상 돈을 만지는 은행원이 되거나 아니면 교단에 서는 것이었다. 군 복무를 할 적에는 틈틈이 교육심리학을 펴들기도 하였다. 그러다가 결혼을 해서 중앙시장이 내려다보이는 산자락에 터를 잡고 나서는 조그만 가게가 마음을 사로잡기 시작했다. 하다못해 구멍가게라도 갖고 있으면 밥걱정은 하지 않을 것이 아닌가 하는, 소박한 바람으로 바뀌었다. 그 바람이 세상 하직할 때까지 이루어지지 않으면 머리맡에 과자 몇 봉지라도 차려 놓으라며, 술 한잔하고 귀가하는 날에는 집사람한테 부질없는 궤변을 늘어놓기 일쑤였다. 가난이 몸서리쳤기 때문이다.

어쨌거나 인생 목표를 한번 정했으면 끝까지 밀고 나가야 하는데, 결단력이 부족한 나는 가게를 가지려는 꿈마저 그만 접고야 말았다. 그렇게 허무하게 꿈을 접기는 해도, 한 번뿐인 생을 그냥 저버릴 수는 없었다. 우선 명퇴하고선 책가방을 들었다. 한동안 동네 여인들의 입방아에 오르내리었다. 자식 세 놈도 대학생인데 나까지 가방을 들었으니 말이다.

나는 대학원에 다니면서 주경야독하는 방송대학교 스터디그룹 학생들의 요청으로 철학 과목을 강의하러 J여고 별관을 오르내리었다. 나는 시험 때 말고는 마지막 강의 시간 십여 분을 남기고는 이들의 면학에 도움이 되지 않을까 싶어 '세상 사는 이야기'에 많은 심혈을 기울이었다. 이런 살아가는 이야기가 어려운 환경의 젊은이들의 심경을 울려주었는지, 길거리에서나 사무실에서 부지불식간에 만나면 못 다한 이야기가 이어지기도 했다.

보험과 주례, 지금 생각해도 이질적인 조합임에 틀림없다. 경쟁이 심한 보험업과 사랑이 넘치는 무대! 보험은 나에게 맞지 않은

옷일 뿐만 아니라 더더구나 단상壇上은 내가 설 자리가 아니었다. 그런데에도 보험이 필연적으로 다가왔고 주례도 느닷없이 찾아왔으니, 이래서 '인생은 불확실의 연속'이라 하였던가.

　논문을 쓰기 위해 불가피하다는 나의 말에도 집안 식구는 물론이고 친지들도 극구 말린 보험에 뛰어든 것도 나의 마지막 남은 결단이었다. 나는 시민 누구나 눈살을 찌푸리는 보험에 관한 논문을 꼭 쓰고 싶었다. 그것도 보험 모집인이 대부분 여성인 생명보험 쪽보다는 단위가 큰 화재나 해상사고 등 손해보험 분야를 깊이 알려면, 현장에 뛰어들어야 빨리 습득하지 않을까 싶어 손해보험 대리점을 개설하기에 이르렀다.

　보험이란 한 시장을 놓고도 뺏고 뺏기는 전투를 방불케 한다. 내 고객이 다음 달이면 남에게 넘어갔다. 자동차보험 한 건을 받는 것도 여간 어려운 일이 아니었다. 숫기는 물론 낯짝도 두껍지 않은 내가 할 일은 못 되었다.

　보험업은 하루가 다르게 변화하는 환경에 대처하느라 사흘이 멀다 하고 교육이 하달되었다. 소득에 연연하지 않는 나는 우리 영업소에 할당되는 교육을 도맡아서는 동료에게 재교육을 시키는 일은 물론, 바쁜 동료들을 대신해 보험 상담과 만기 보험료 안내 등 뒷바라지를 하며 십여 년을 버텼으니, 나는 전생에도 보험을 하였는지도 모를 일이다.

　보험은 고객 확보를 위해 이벤트 사업으로 획기적인 보험을 시장에 종종 내놓는다. 내가 권유한 연금보험은 계약 당시 이율이 만기에도 적용되는 색다른 보험이었다. 몇몇 지인은 좋은 보험을 알선해 주었다며 지금도 만나면 인사를 한다. 당시 이율이 12~13%의 고율이었으니, 보험회사 쪽에선 패착에 가까운 상품이었다.

1995년 12월 어느 날, 진주 출신의 조원제 군이 신부 될 아가씨와 함께 정종 한 병을 사 들고 집으로 찾아왔다. 방송대를 다니며 내 강의를 들은 학생이었다. 내가 사회에 나와서 제일 존경(?)하는 선생님을 만났다며 간곡히 주례를 부탁하는 것이었다. 그 주례가 계기가 되어 한 50~60여 쌍의 주례를 섰다. 그 당시 주례는 국회의원이나 지방의원 등 정치인이 아니면 교직자의 몫이었는데, 나 같은 무명씨가 단상에 선 것은 천우신조가 돕지 않으면 이뤄질 수도 없는 일이었다.

내가 맡았던 주례는 친구나 친지들의 자녀 결혼이 대부분이었으나, 창원시 성산구 별관을 발이 닳도록 드나들며 가난한 서민들의 주례도 많이 섰다. 주례사는 부모를 공경하고 서로 사랑하라는 등 대부분 대동소이하나, 나의 주례사는 '효'에 비중을 두어 축사를 했다.

불교 경전인 '부모은중경'을 보면 "어머님이 나를 낳을 때에 서 말 서 되의 피를 흘렸고, 기를 때에는 여덟 섬 너 말이나 되는 많은 양의 젖을 먹여 길렀다."고 한다. 죽음에 이르는 산고의 고통과 정성으로 길러주셨는데 요즘 젊은이들은 이 은공을 예사롭게 생각한다. 요즘 부모들은 옛날같이 어려운 효도를 바라지도 않는다. 벼르고 벼르다가 지금의 작은 냉장고나 밥솥을 큰 것으로 바꿨다는 등 일상의 자잘한 이야기를 들려만 주어도, 우리들의 부모님은 눈시울을 적신다."며 울먹이는 목소리로 주례사에 임했었다.

나의 주례사를 들은 어떤 혼주는, 나도 시골에서 종종 주례를 서는데 오늘 주례사가 너무나 가슴을 울린다며 악수를 청하기도 했다. 내 주례사를 들은 어느 하객은 자녀 주례를 부탁하기도 했다.

지금은 효를 입 밖에 내기도 힘든 세상이라지만, 나는 그리 큰 걱정은 하지 않는다. 단하壇下에서 숨을 죽이며 효의 다짐을 맹세한 젊은이들이 있기 때문이다. 지금 이들은 나보다 더 열렬한 '효'의 전도사가 되어 "부모에게 효도하고 이웃 어른을 공경하며 형제간에도 우애 있게 지내라."며 오늘도 부르짖고 있을 테니까.

Chapter 4

얼룩진 봉투

　일주일에 한두 권의 책이 부쳐온다. 증정본과 구입해 보는 문예지들이다. 며칠 동안 밀쳐놓으면 방구석에 뒹굴기 마련이다. '오늘은 아내의 잔소리가 있기 전에 정리해야지.' 마음먹으며 쌓아놓은 책들을 뒤적거리고 있을 때, 똑똑똑 노크 소리가 났다.
　상오였다. 예쁜 부인을 대동하고서 철 대문 앞에 서 있었다. 근 40여 년 만이다. 그는 친구 구둣방에서 견습 제화공으로, 나는 손이 모자라는 친구를 돕는 잡무를 보면서 인연을 맺은 사이다. 그간 수소문으로 성공해서 잘 살고 있다는 이야기는 들었어도, 다들 살기가 바빠 소식을 끊고 살았었다.
　60~70년대만 하여도 양화점에서 구두를 맞추어 신는다는 것은

일반 가정에서 큰마음 먹고 쌀 한 가마니를 들이는 것만큼 어려운 시절이었다. 장가들 때나 집안에 경사가 생겼을 때 간신히 맞추어 신었다. 보통은 산 지 몇 달이 되지 않았는데도 구두 밑창으로 물이 새어들기도 하는, 값싼 기성화를 사 신었다.

수제화手製靴는 갑피사가 재단한 가죽을 구두 골에 앉히고, 집게로 가죽을 당겨 구두코가 반질반질하도록 타카로 핀을 삥 둘러 박고 두들기를 수백 번 반복하여 모양을 잡는다. 마지막으로 구두칼로 바닥을 다듬고는, 접착제로 밑창을 붙이고 한 땀 한 땀 꿰매고 구두 굽을 달면 비로소 구두가 완성된다. 그런 공정을 거치니 아무리 험하게 신어도 1~2년은 끄떡없다.

그때 구둣방의 종업원은 권 씨와 박 씨 그리고 주인 동생과 상오였다. 상오는 군대를 가지도 않았던 새파란 젊은이였다. 숙련공이라 해도 하루에 두 켤레를 만들기도 빠듯했다. 상오는 선배들이 퇴근하는 시간에 이르도록 한 켤레도 만들지 못했지만, 선배의 어떤 말이라도 흘리지 않고 귀담아들어 기술을 익혔다. 그렇게 열심히 일을 배우니 얼마 안 가서 하루에 한 켤레를 만들고 또 한 짝을 더 할 수 있도록 손도 빨라져, 또래들보다 봉급도 많이 타갔다.

지금의 구두는 공장에서 대량으로 생산되어 전국으로 유통되지만, 그때는 주로 제화공의 손에 의탁했다. 결혼 시즌이 시작되는 겨울이 오면, 구둣방은 눈코 뜰 사이 없이 바빴다. 일감이 밀리면 주인을 포함해서 다섯 사람이 밤늦도록 매달려도 약속한 날짜에 대기가 힘들었다. 상오는 다음 날 볼 일이 있으면 저녁 늦게 남아서라도 주문 날짜가 촉박한 구두를 미리 손을 보고서야 퇴근을 했다. 이렇게 그는 자기관리에도 철저했다.

 나는 직장을 마치고 구둣방에 나가서는 바쁜 친구를 대신해 구두 치수도 재어주고, 쇼핑 손님을 안내하는 일 등을 주로 맡았다. 그리고 작업 중 불시에 생기는 굽, 중창, 대다리 등 자잘한 부품을 사러 부속품 가게를 들락거렸다.

 평생을 앉은뱅이 의자에서 구두와 씨름을 한 권 씨와 박 씨의 등은 어느새 새우등이 되어 버렸고, 골무를 낀 엄지손가락에도 굳은살이 박였다. 본드를 많이 마신 코는 헐어서 시도 때도 없이 훌쩍거렸다. 담배가 그나마 시름을 잊게 해주는 심심초라며 하루에도 두세 갑의 담배를 피워댔다. 그렇게 몸을 혹사시키니 강철인들 견딜 수가 있었겠는가. 박 씨는 심장병을 얻어 일찍 산으로 갔고, 요즘 권 씨는 무릎이 아파 날만 새면 병원에 간다.

 사람들은 무엇 때문에 사는가 물으면, 어떤 이는 돈을 벌기 위해 산다 하고, 어떤 이는 그냥 사니까 산다 하고, 또 어떤 이는 마지못해 산다고 하기도 한다. 대부분은 평생을 그렇게 덧없이 살아간다. 그러나 상오는 "어차피 살 바에야 사람답게 한번 살아보아야지 예, 사는 둥 마는 둥 살아서야 되겠습니까." 하며 대화 중에 자신의 결심을 내비치곤 했다. 그런 자부심으로 살아가니 남달리 부지런하고 생각 또한 깊었다. 언제나 제일 먼저 출근해서 빈 못

통을 채우고, 깔창과 대다리, 여러 종류의 굽과 구두끈 등 부속 자료를 챙기기를 도맡아 했다. 그 덕분에 동료들은 출근하면 바로 작업을 할 수 있었다. 그는 작업 중에 의문이 생기면 시시콜콜 캐물었다. 마지막으로 선배가 만든, 아직 구두 골에 앉힌 구두를 유심히 살펴보고는 제일 늦게 퇴근했다. 그렇게 열심히 일을 배우니 기술이 일취월장하여 한 5년여 만에 일류 기술자가 되어 독립해서 나갔다.

뭇 새가 새끼를 다 키우고는 둥지를 떠나듯이 구둣방 식구들도 그렇게 뿔뿔이 흩어졌다. 지금도 살림살이는 다들 나아지지 않고 근근이 살아간다고 들었다. 개천에서 용이 난다더니 상오만이 우뚝 일어섰다.

상오의 방문에 가슴이 뭉클한 것은 부인과의 동행이었다. 부인과 사귀는 것을 일찍부터 보아온 터라 그녀가 낯설지는 않았지만, 어느 부인이 일가붙이도 아니고 이미 끊어지고 만 인연을 찾는다 해서 선뜻 따라나서겠는가.

상오는 글을 쓰는 사람이면 동네 아무 사람이라도 붙들고 물어도 찾지 않을까 생각하였는데, 이 골목 저 골목을 한참 헤매고 다녔단다. 우리 동네는 뽕밭과 크고 작은 밭떼기가 있는 산 중턱을 헐어서 주택단지로 조성한 곳이다. 100여 호나 되는 주택이 바둑판처럼 정렬되어 있다. 고만고만한 단독주택이라서 몇 번 찾아온 사람도 금시 찾지를 못한다.

그들이 돌아간 뒤에 깜짝 놀란 것은 글 쓰는 데 보태 쓰라며 수박과 함께 놓고 간 봉투였다. 봉투 속에는 수표 몇 장이 들어 있었다. 상오는 모터와 권선 등 전동기업체를 운영한다며 명함을 주고 돌아갔다. 그는 중견 기업인으로서 뿐만 아니라, 가슴을 덥힐 줄도 아는 사람으로 변해 있었다.

나는 구둣방 식구로 함께 일할 적에도, 따뜻한 시선 한 번 보낸 일도 없는데 염치없이 봉투를 받고 보니 눈물이 핑 돌았다. 나는 통장에 예치해 둔 상오의 정성이 고마워 오래도록 그 돈을 빼 쓰지 못하였다.

Chapter 4

자전거 타기

　자전거를 20여 년간 탔다. 60년대만 해도 자전거는 요즘 그랜저보다 가지는 게 제법 어려웠다. 그때는 대부분 걸어 다녔다. 일이 십 리 걷는 것은 걷는 것도 아니었다. 고개 한두 개 넘는 것도 보통이었다.

　단지, 이곳은 군항 도시라 시내에는 지프와 스리쿼터 등 군용차가 질주하고 지프형 까만 승용차가 간혹 보일 뿐, 그 외는 조랑말이 이끄는 마차와 쌀과 막걸리 등을 배달하는 짐 자전거와 일반 자전거가 전부였다.

　그런 시절에도 나는 자전거를 타고 주위 경관을 두루 살피고 다녔으니, 다른 복은 몰라도 '산천유람 복'은 타고났다고 할 수 있으리라.

 나의 자전거와의 인연은 깊다. 내가 처음 직장을 잡은 곳이 '한국공무원 진해소비조합'이었다. 조합원들에게 신용카드를 발행하여 청산을 해주는 곳이었다. 신사복, 시계 등 고가품을 비롯하여 구두나 양품 등 오만 가지가 외상으로 구입이 가능했다. '외상이면 소도 잡아먹는다.'라는 말이 있듯이, 봉급이 쥐꼬리만 한 그때는 가입자가 줄을 이었다. 관내의 시청이나 우체국, 양어장 등 관공서를 비롯하여 각급 학교가 내 업무 소관이었다.

 우리 조합에는 자전거가 한 대 있었다. 일제 중고지만 성능은 국산에 비할 바가 아니었다. 페달에 발을 올려놓기만 하면 주르르 미끄러져 나갔다.

 봉급날 오후에 거리의 시선을 한 몸에 받아 가며 달려 나가면 움츠렸던 마음이 활짝 펴졌다. 특히, 덕산초등학교 분교가 있는 행암에 갈 때는 마음이 먼저 동하였다. 당시의 도로는 시가지 일부 구간 말고는 비포장인데다, 행암 도로는 개설도 되지 않아 자전거를 끌고 고갯마루에 올라 저 멀리 아름다운 바다와 이곳의 우거진 벚나무와 신갈나무 그늘에서 땀을 식히고 돌아오면, 찌무룩했던 마음이 한결 맑아지기도 했다.

 야무진 여 선생님이 공제금을 자기가 유숙하고 있는 집의 앉은뱅이책상에 따로 보관하는 바람에, 골목길을 쫄쫄 따라간 일도 엊그제 일처럼 또렷하게 남아 있다. 또한 군인 가족과 상인들이 많이 사는 학군의 초등학교 복도에는 외상값을 받으려 줄을 서 있는 광경도 잊히지 않는다. 수금원은 중국집과 곰탕집 등 음식점이 주를 이루었다. 좋은 학군의 선생님은 점심도 종종 불러드셨다.

옛날 자전거점은 중고품의 매매장이었다. 가게 앞에는 중고 자전거를 몇 줄 세워 놓았느냐 하는 것이 점포 크기의 기준이었다. 가게 안에 별도로 전시해 놓은 '신차'는 '그림의 떡'이었다. 나도 자전거를 몇 번 갈아탔지만, 새 자전거를 산 기억은 없다.

옛 자전거 길은 별도로 개설되어 있지 않아도 사방팔방 안 가는 데가 없었다. 열여덟 살 어린 고종사촌 동생은 함안 칠원에서 진해까지 100여 리를 누이에게 줄 쌀 대여섯 말을 싣고 꾸불꾸불 장복산 십리 산길을 어떻게 넘었을까. 형제간의 우애가 등을 밀어주었어도 땀방울 몇 바가지는 좋이 흘렀으리라.

군 직장 시절에도 자전거 길은 따로 나 있지 않았어도, 벚꽃과 삼목이 우거진 중앙 2차선은 자동차가 달리고, 갓길은 자전거가 쌩쌩 달리었다.

인간이 자력으로 이동할 수 있는 최적의 교통수단은 자전거라고 한다. 느리다고 생각할지 모르지만, 그 속도는 만만찮다. 자동차와 맞먹는 시속 60km까지도 달릴 수 있다. 보통 시속 20km로 달려 나가도 정차를 일삼는 택시에 뒤지지도 않는다. 젊었을 때 이 자전거로 안민고개를 가볍게 넘어 창원에서 볼일 보고 온 기억도 새롭다.

자전거 왕국은 중국이라고 한다. 시내에는 자동차처럼 자전거 전용도로가 별도로 나 있다고 한다. 출·퇴근이나 등교 시간에는 자전거 핸들과 핸들 사이 주먹 하나 간격으로 빽빽하게 늘어서 달려 나가는 광경을 보노라면 장관이라고 한다. 웬만큼 가까운 거리는 자전거로 이동한다고 하니 얼마나 경제적이고 편리한가.

한국인은 '빨리빨리' 문화가 몸에 배여선지, 자전거로 다른 고장으로의 이동을 꺼리는데 반해, 만만디漫漫的적인 중국인은 웬만큼 가까운 곳의 이동은 자전거를 이용한다고 한다.

자전거 운행이 일반화된 영국에서는 국회의원도 자전거를 타고 국회의사당으로 향하는 걸 티브이에서 본 일이 있다. 영국인은 차도에서 자전거와 일반 차량이 함께 달려 나가도 아무런 불편도 느낄 수 없다고 한다. 자전거 길도 넓고, 자동차보다 주차는 물론이고 실용에도 편리하게 사용할 수 있어서일 것이다.

일본인은 우리와 같이 보도블록이 깔린 보도에서 통행을 같이 하지만, 우리와 달리 자전거 길이 사방팔방 막힌 곳이 없고, 주차장도 지하철 입구나 건물 사이사이에 잘 마련되어 있다고 한다. 특히 일본인 여인들은 바구니와 어린이용 좌석이 달린 '마마챠리'란 자전거를 많이 이용한다고 한다. 알뜰하게 사는 모습이 이런 곳에서도 엿보인다.

에너지를 절약하고 매연과 미세먼지에서 벗어날 수 있는 지름길은, 택시나 운반이나 배송을 하는 택배 등속의 차 말고는 일반 차량 통행을 자제하는 길밖에 없다. 우리의 자전거 길은 인도와 나란히 혼용해서 사용한다. 가다가 길이 끊이는 곳도 많고 도로폭도 좁다. 이러니 사람도 다니기에 불편하고 자전거 또한 마음 놓고 달리지도 못한다. 획기적인 자전거 도로의 개선책이 시급한 실정이다. 이제 우리 시민들도 시내는 물론이고 가까운 거리는 자전거를 이용하고 자동차 운행을 줄여나가는, '늦어도 빠른' 만만디적인 시민의식의 발효가 시급하지 않는가.

Chapter 4

큰 귀로 들어주는 일

 지난해 인연을 맺어 지내던 몇 분이 이 세상을 떴다. 시인 P와 K 그리고 동창 친구 S다.
 P는 '자신의 시세계'에 대해 고집이 센 시인이었고, K는 애틋한 서정시를 많이 썼다. 두 여류 시인 모두 있는 듯 없는 듯 조용한 성품에 마음결이 고왔다. 두 분 모두 예순이 되기 전, 세상을 떠나 우리를 더 슬프게 했다. 게다가 내 삶에서 가까웠던 친구 S는 그의 일생을 통해 인간의 흥망을 몸소 겪었으며, 말년에는 교통사고 후유증에다 암까지 겹쳐 무진 고생하다가 떠나갔다.
 친구는 월남전 후 건설 붐이 일었던 베트남에도, 하와이, 괌 등의 콧대 센 미국의 건설 현장도 섭력한 글로벌 건축 기술자였다.

조그만 건설업체를 가진 친구는 일 하나만은 똑 부러지게 한다는 소문이 입에서 입으로 전해져 근동의 빌라나 상가 건물 등을 도맡아 지었다. 뒷짐 쥐고 작업반장에게 일을 맡겨놓고는 현장을 떠나는 일반 사장과는 달리 그는 목수, 미장공, 배관공 등 현장의 일꾼들과 늘 함께 일했다. 자기는 일꾼 열 사람 몫을 해야 회사가 잘 돌아간다며 공사 현장을 지켰다. 그렇게 사장이 진두지휘하니 사업이 날로 번창해 나갔다. 친구는 일을 마치면 작업반장에게 거래하는 식당에 가서 술 한 잔 하라며 일러주고는 친구들과 밥 먹기를 좋아했다. 사흘이 멀다 않고 우리를 불러냈다.

 인간의 온갖 지혜로도 알지 못하는 것이 인간의 운명이라 하였던가. 4층 빌딩도 가졌고, 상가 몇 채도 세를 놓고 있었던 알부자이지만 아이엠에프 앞에서는 손 한번 쓰지 못하고 넘어지고 말았다.

 "세우기는 어려워도 망하기는 한순간"이라더니 친구가 그랬다. 빚잔치를 하고 정착한 곳이 고등학교 때부터 집에 데려다가 공부를 시킨 처남이 해경으로 근무하는 속초였다.

 그는 친구를 만나고 베푸는 걸 좋아했다. 경향 각지의 친구가 찾아오면 아무리 바빠도 한걸음에 달려와 술과 밥을 대접했다. 지방 선거에 출마한 어려운 친구를 위해 사무실 대관료며 전화요금까지 부담하며 친구를 도왔다.

 초창기 때 동기회 회장을 맡은 그는 회비를 한 푼도 쓰지 않고 꼬박꼬박 모아 빈약한 재정을 반석 위에 올려놓았다. 또한 친구는 한창 젊었을 때 열정을 식히지 못해 헤어지기 아쉬워하는 동창들을 위해 자주 지갑을 털어 2차 회식 자리를 마련했다.

우리들은 흔히, 어려울 때 서슴없이 흉금을 털어놓고 의논할 수 있는 친구가 있느냐 물으면 다들 고개를 갸우뚱한다. 내가 곤경에 처했을 때 이마를 맞대고 의논할 수 있는 진정한 친구를 갖는다는 것은 여간 어려운 일이 아니다. 그러기에 "부모 팔아 친구 산다."고 말하지 않던가.

멀리 속초에서 묵혀 둔 밭을 갈아 소채를 가꾸며 틈틈이 날일을 하고 지내는 친구는 일이 없을 때, 밭둑에 앉아 남쪽을 바라보며 옛날을 회상하는 일이 낙이라고 했다.

이어령 교수가 3년 동안 심하게 앓다가 세상에 나와 한 말이 "아파 있는 동안에 내가 사람을 얻었다."는 것이었다. 자신이 아파보니 사람의 진정성이 보이더라는 것이다. 힘이 있을 때는 많은 사람이 주변에 기웃거리더니 몸을 가눌 수 없도록 아프니, "남아야 할 사람만 남더라."라며 되뇌인 글을 본 일이 있다.

친구가 그랬다. 그 많은 기업인과 친구들 그리고 친인척들에게 하루아침에 외면과 따돌림을 당하니, 자책과 겹쳐 더욱 괴롭다고 했다. 그 친구는 나에게 전화를 걸며 괴로움을 달래지 않았을까 싶을 정도로, 속초에 가 있는 20여 년 동안 한 달에 두세 번은 꼭 전화를 해왔다. 내가 먼저 전화를 건 것은 몇 번 되지도 않는다.

"아저씨! 항상 저희 아버지께 좋은 벗이고, 자랑으로 있어 주셨던 거 감사합니다. 오늘 아버지가 엄마 곁으로 가셨어요. 늘 아저씨를 친구로 둔 걸 자랑스러워하셨어요." 그의 장녀가 내게 알린 부고 내용이다.

친구가 전화를 걸어오면 속에 있는 말 다하도록 귀를 기울여 준 것 말고는 괴로움을 덜지도, 가슴을 데워 주지도 못했는데 좋은 친구로 여겼다니 한없이 부끄럽다. 물론 그의 말을 진정으로 들어 주었느냐, 건성으로 들었느냐의 차이는 있을 것이다.

인간이란 누구나 갈림길에 서서 헤어지기 마련이지만, 몇 해만이라도 더 우정을 나누었다면 얼마나 좋았을까 생각하면 할수록 가슴 아리다. 그가 입원한 요양병원에 문병 갔을 때, 재활 운동을 열심히 해서 회복되면 가까운 마산이라도 가서 회 한 점 하자던 친구였다. 편의점에 간다는 우리에게 간호사는 술은 절대로 잡수시면 안 된다며 신신당부를 하였었다. 이렇게 무심하게 떠나갈 줄 알았더라면 그때 소주 한 잔이라도 건넸으면 이렇게 서운하지는 않지, 아쉬움은 자꾸만 꼬리를 잇는다.

그간 알게 모르게 우정이 얼마나 깊게 쌓였던지, 영정사진을 보며 상제들과 이야기를 나누다가 나는 목이 메어 더 말을 잇지 못했다. 북망산北邙山에 가 있는 친구는 "나처럼 괴롭고 외로운 친구들의 말동무를 해주고 천천히 오라." 하지 않을까 싶을 정도로 비정非情한 나를 큰 귀를 가진 사람으로 여겼다.

지난 세월을 돌아보니, 우리는 시도 때도 없이 만났었다. 친구는 백열등 하나라도 밤이 이슥해야 켜지는 가난한 산동네를 뻔질나게 드나들었고, 공사 현장마다 내 집 짓듯 찾아간 것이 우리의 우정이었다. 그리고 만나서는 술을 마셨다. 술판은 술과 좋은 안주와 사람의 삼박자가 맞으면 좋은 자리가 되지만 그중 제일은 사람일 것이다. 그는 나와 술 마시기를 즐겼다.

  나는 그와 만날 때를 생각해 본다. 벚꽃이 눈송이처럼 흩날리는 봄에 가면 바로 벚나무 아래에 정겹게 앉아 술잔을 나눌 것이고, 비 내리는 가을에 가면 이 집만의 비법인 야생의 삼 잎과 엄나무, 녹각 등을 듬뿍 넣어 끓여 주던 삼계탕집으로 안내하지 않을까 싶다. 보신하자며 자주 단골 삼계탕집에 드나들었기 때문이다.

  소중했던 친구야, 지금은 영랑호가 내려다보이는 산자락에 누워 있다지. 낮이면 청둥오리며 물고기들과 놀며, 밤이면 수달, 고라니 등 산짐승과 노닐세. 얼마 안 있어 다시 만나 그간 못 다한 이야기를 나누며 밤새도록 소주잔을 기울여 보자꾸나.

  친구가 꿈속에서나마 전화를 걸어올 것 같아 아직까지 그의 스마트폰 번호를 지우지 않고 있다.

Chapter 4

전선에서, 교단에서 온 손 편지

　이메일이나 문자로 보내 주는 글은 읽을 때뿐이지만, 손수 쓴 편지를 한 자 한 자 짚어 읽어 가노라면 그 사람의 숨소리가 새록새록 들리고, 정도 겹겹이 묻어난다.

　집집마다 군대 간 자식의 안부 편지야 없는 집이 없을 테지만, 나는 둘째의 전선 편지를 받고는 눈시울을 적셨었다. 녀석은 공부는 뒷전이고 놀기를 좋아해 꽤나 속을 썩인 놈이다. 그런 녀석이 기초 훈련을 마치고 자대에 배치되어 집으로 보낸 편지에는 다음과 같은 사연이 적혀 있었다.

　"집에 있을 때 부모님께 잘해 드리지 못한 게 후회가 되고 어머니 아버지의 지극한 사랑도 이제야 절실히 느낍니다. 군 생활 중

힘들고 어려울 때는 아버지께서 늘 강조하시는 '매사에 최선을 다하라'는 말씀대로 군 생활을 열심히 하겠습니다."는 맹세가 가슴을 울려 주었다. 우리 집의 가훈은 '매사에 최선을 다하자'이다. 어느 자리 어느 곳에 있더라도 최선을 다하는 삶이면, 세상을 헛되이 살지는 않을 것이라며 열을 올려 말해도 묵묵부답이던 녀석이 '가훈'을 들먹인 것이다.

나의 군 생활 중 일화도 잊지 못한다. 지금은 고인이 되신 김수남 시인은 징집을 미루다가 서른 가까운 나이에 육군 1사단 12연대 인사과 병력계의 내 조수로 보직을 받아왔다. 그는 관물 정돈이 깔끔하지 않다며 점호 시, 자주 지적을 받았다. 점호관이 관물대에 정리해 놓은 피복을 지휘봉으로 휘저어 놓으면 그 속에서 떨어진 원고 뭉치나 위문 편지 등을 허겁지겁 줍던 모습이 지금도 눈에 선하다. 《소년한국일보》사장을 지냈으며, 우리나라 시낭송의 길을 모색·발전시킨 그가 살아있다면, 문우로서의 인연도 각별하게 이어졌을 텐데…. 뒷장의 글은 김수남 시인이 제대하는 나에게 준 손 편지이다.

J¹은 부산에서 활동하고 있는 여류 수필가이다. 두 편의 수필이 중학교 교과서에 실릴 정도로 실력 있는 수필가다. 그녀와는 교과서에 실릴 작품을 내가 사전에 귀신같이 알아맞히는 바람에 연을 맺게 되었다. 그녀가 보내 준 《1학년 국어교과서》와 그의 글을 소개한 《진해문학》이 나란히 내 서재에 꽂혀 있다. 자주 근황을 주

車兵長님을 爲한 章

― 여기 1959년 10월에 총검을 높이 든
  젊은 旗手가 있다. ―

그의 강인은 고난을 당할때 나타나고
그의 침착은 주판을 들었을때 나타나고
그의 낭만은 술을 한껏 마셨을때 나타나고
그의 정열은 조수에게 업무를 배워줄때 나타나고
그의 예지는 일보의 결점을 찾을때 나타나고
그의 분노는 집합시켜 빽드를 들었을때 나타난다。

이제 고향으로 돌아가는 젊은 車兵長에게
해보담 밝고、꽃보담 붉은 神의 恩寵과 祝福이
함께 하라、함께 하라。
  그의 손으로 이루어질 새로운 생활은 보다
참되고 찬란하라。

　　　　　　　김 수 남。

고받는다.

나의 글 중 "지나고 보니 인생은 순간이고 바람 같은 것이었다. 이제는 한시름 놓는구나 하고 하늘을 쳐다보았더니 예순이었다는 글은, 친정어머니가 평소 하시던 말씀이었습니다. 그리고 효의 성질은 부모를 빼어 닮는다는 말씀도 저의 마음에 새겨 두겠습니다."며 깨알 같은 글씨로 손편지를 보내왔었다.

J^2는 거창중학교에서 교편을 잡고 있는 체육관 후배이다. 체육관에서 원 없이 땀을 흘렸고 지금도 서로 땀을 닦아주고 있다. 그는 수시로 손 편지를 보내온다. 수업 시간에 종종 내 글을 읽어 준다니, 이들의 맨가슴을 더 울렁거릴 글을 보내 주어야겠다.

요즘은 스마트폰이나 이메일 등에 밀려, 정과 사랑이 흠뻑 담긴 문인들의 손 편지도 문학관에 가서야 육필원고나 연하장으로 만날 수 있을까 보기 힘든다. 지금은 손자 손녀가 생일에 꾹꾹 눌러쓴 손 편지 말고는 받기도 어려운 세상이 되어버렸다.

나는 가수 이선희가 부른 노래 'J에게'의

　　　J 스치는 바람에 J 그대 모습 보이면
　　　난 오늘도 조용히 그대를 그리워하네

를 마음속으로 읊조리며, J라는 두 사람의 손편지를 꺼내 읽고 있다.

Chapter 4

자연은 자연 그대로

　해거름에 탑산에서 운동을 하고 내려오다가 문득 탑산 길목에 있는 언덕에 눈이 갔다. 엊그제까지 하얗게 핀 산딸기나무가 보이지 않았다. 그 나무가 자생하고 있는 언덕에는 온통 영산홍이 심겨있었다.
　탑산공원 입구에 걸어둔 '사회적 일자리 창출 숲 가꾸기 사업' 플래카드가 머리에 떠올랐다. 며칠 전부터 언덕바지에 포클레인이 눈에 띄었는데, 그 '산업괴물기계'가 언덕을 고르고 공공근로자들이 영산홍을 심었는가 보다.
　탑산 오르는 길 입구 언덕에는 10년도 더 됨직한 여남은 그루의 산딸기나무가 단단히 뿌리를 내려 딸기 동네를 이루고 있었다. 식욕 떨어지는 여름철에 입맛을 돋우는 데는 이만한 열매도 흔치 않다. 올해에는 때 놓치지 말고 한 움큼 따먹으려고 벼르고 있었는데, 그만 김칫국부터 마신 꼴이 되었다.

언덕 아래에 한 무리로 있어 그냥 놔두었더라면 영산홍과 어깨를 나란히 조경의 멋도 살리고 사람의 입맛도 다시는 '누이 좋고 매부 좋은' 멋들어진 언덕이 되었을 텐데, 안타깝게도 영산홍 일색의 단조로운 언덕으로 바뀌고 말았다. 힘없는 공공근로자일지라도, 자연을 살리는 방향으로 감독자에게 조언을 하였더라면, 더 운치 있는 언덕바지가 되었지 않았을까 생각하니 아쉽기 그지없다.

임금과 신하의 신분이 하늘과 땅만큼 시퍼런 조선 시절에도 신하는 직언을 마다하지 않았다. 어느 날 선조가 "경들은 짐을 전대의 어느 임금과 견주어 보겠는가?" 물었다. 다들 엎디어 입을 다물고 있는데, 학봉 김성일은 "전하는 타고난 바탕의 자질이 높고 밝으시니 요순 같은 성군이 되시기 어렵지 않으시오나, 신하가 옳게 간하는 말을 거부하시는 버릇이 있사오니 실로 염려되어 아뢰옵니다."라고 간했다고 한다.

지금도 대통령실에서 국무회의를 주재할 때, 장관들은 입을 다물고 받아쓰기 자세를 취하고 있는 것을 본다. 그런데 신하의 목숨을 쥐고 있는 절대자 앞에서도 직언을 서슴지 않는 푸른 기백이 조선 오백 년의 왕조를 이끈 정신적 지주가 되지 않았을까 싶다.

6월 초순이 되면 산딸기가 맺기 시작한다. 성급한 아이들은 아직 풋내가 가시지 않는 딸기라도 손을 대지만, 6월 중순이 지나면 길손이 한 움큼씩 따 먹어도 축이 나지 않는 것이 산딸기의 풍성함이다. 다섯 살 손자 놈을 데리고 탑산을 오르다가 딸기 맛을 한 번 안겨 주었더니, 그 녀석은 산에 가기만 하면 딸기가 항상 열려 있는 줄 아는지, 딸기부터 찾는다.
　이렇게 어린아이들이 침을 흘리는 산딸기를, 어느 소견머리 없는 늙은이가 알루미늄 사다리를 갖고 와선 철조망 너머에 있는 딸기까지 싹쓸이한다. 하도 어이가 없어 한동안 넋을 잃고 우두커니 서 있다 자리를 떴다.
　나는 지금도 더위가 서서히 본색을 드러내는 7월이 오면, 학교가 파하기가 무섭게 친구 몇몇과 양어장에 몰래 들어가 산딸기를 따 먹던 어린 시절이 생각난다. 숨죽이며 막 따 먹다가도, 어린 동생들이 떠올라 한 움큼 따서 집에 와서 보니, 그만 '딸기떡'이 되어 있었다. 나무 이파리에 싼, 그 고들고들한 딸기를 너무 불끈 쥐고 와, 그 뭉그러진 딸기를 내려다보며 어이없어 한 일이 어제 일처럼 떠오른다.
　또 여름방학이 되면 한걸음에 달려간 곳이 시골의 삼촌 집이었다. 삼촌 집 뒤뜰에는 오래된 앵두나무 한 그루가 있어 동네 친구들이 몰려와 따 먹어도, 여름 내내 가득했다. 언덕이나 이슥한 오솔길은 아무렇게 나 있어도 고향을 떠난 이들에게는 추억과 그리

움의 대상인데, 요즘 숲 가꾸기 사업은 되려 '탈 고향 사업'이라 할 정도로 생각 없이 뭉개거나 없애버린다.

산은 산이 주인이고, 나무는 나무가 스스로의 주인이다. 우리의 인생이란 것도 자연과 함께하다가 자연으로 돌아가는 것일진대, 이제는 자연 앞에서 겸손해져야 되지 않을까 싶다.

Chapter 4

다문화를 바라보는 눈길

 지금은 어느 곳을 가더라도 외국인을 많이 만난다. 미국을 위시한 영국, 불란서, 캐나다 등 백인들은 일제의 강점과 6·25 한국전쟁 등 변란을 겪을 적에 많이 도와주어서 그런지 몰라도 이제는 외국인으로 보이지 않는다. 그런데 까무잡잡한 피부의 흑인이나 흑갈색의 남미나 동남아인 등을 만나면 눈꼬리를 세우고 힐끔 쳐다본다.
 얼마 전까지만 하여도 외국인은 다민족의 피가 섞인 변종의 사람들이고, 우리는 단일민족, 즉 단군의 자손이라며 뽐내며 살아왔다. 우리가 단일민족이라고 내세우는 이면에는 그만치 문을 꼭꼭 닫아놓고 살았다는 징표가 아닌가. 일찍이 문호를 개방하였더라면 왕성한 문물의 교류와 소통으로 여느 나라보다 먼저 부강하였을 터이고, 자연히 피도 섞였을 것이다.

 이제 우리나라에도 외국인 이주자가 이백만 명이나 된다고 한다. 특히 농촌에서는 세 가구 중 한 가구가 외국인 며느리를 맞고 있다. 그들은 주로 베트남, 필리핀, 네팔 등 동남아인이 많단다. 이들 고향을 그리며 사는 외국인 며느리들의 애틋한 사연들을 들여다본다.

우리는 잘 있단다

 우리가 보릿고개를 넘은 지 얼마나 되었다고, 못사는 나라 사람들은 게으르고 생각 없이 사는 사람들이라고 지레짐작하고 업신여긴다. 그들이 아직까지 가난을 면치 못하고 살아가긴 해도, 효심은 우리보다 몇백 번 낫고 마음 씀도 두텁다.

 비행기로 24시간을 밤낮으로 달려야 갈 수 있는 머나먼 나라 페루에서 시집온 며느리가 친정어머니에게 전화를 걸자,

 "우리는 잘 있단다. 어떡하든지 시부모 잘 섬기고 남편이랑 의논 맞춰 잘 살아라. 그리고 몸조심하여라."

 부모 마음은 어느 곳에 살아도 한결같다.

제물을 주문하다니요

 살기 좋은 세상인지, 편리한 세상인지 헷갈릴 때가 많다. 제사

란 정화수 한 그릇을 떠 놓더라도 정성을 쏟아 모셔야만 조상의 은덕을 누릴 텐데, 너무나 형식상의 제사에 얽매여 살고 있으니 안타깝기만 하다.

요즘은 관광지에서 제물을 주문해 제사를 지내는 가족이 늘고 있다고 한다. 부득이한 사정이 생겼더라면 그곳에서 구할 수 있는 제물을 손수 마련해서 제상을 차려야 옳지, 주문한 제물로 제를 올리다니요. 오천 년 역사를 자랑하는 동방예의지국이라는 칭호가 부끄럽지 않나요.

그런데 가까운 일본에서 장손 며느리로 시집온 어느 며느리에게 "1년에 여남은 번이나 되는 그 많은 제사를 모시려면 여간 힘들지 않나요."라고 물으니, 그녀는 "장손 집안 며느리의 당연한 일인데, 귀찮게 여기다니요." 하며 되묻는다.

요즘은 온갖 것 수입해서 사는 세상인데, 그런 예의 바르고 올바른 생각을 가진 며느리를 많이 들여와서 장손 가정에 한 분씩 모셨으면 하는 생각이 든다. 나만의 생각은 아닐 것이다.

정다운 시선이라도 보내 주어야지요

5년 전에 시집온 어느 필리핀 여인은 친정어머니와 남편을 암으로 잃었다. 그녀는 그런 환경에 처한 것도 내 운명이라 생각하고, 가장을 대신하여 뼈 빠지게 일을 하며 가정을 꾸려 나간다. 그리고 늙으신 시어머님을 지극정성으로 모시며 두 딸을 훌륭하게 키웠다.

외국에서 시집오는 대부분의 여인들은 농촌에 정착한다. 농기구도 많이 개량이 되었다고는 하나, 해도 해도 끝이 나지 않는 일이 농사일이 아니던가. 풍속도 다르고 언어 소통도 잘 되지 않는 머나먼 타국에서의 삶은, 외로움과 그리움으로 불면의 밤을 지새웠을 것이다.

게다가 며느리가 잘못 들어오면 집안의 우환을 피하지 못한다는, 고담古談에 가슴 졸이며 살아왔을 것이다. 그렇게 숨죽이며 산 어느 날, 모 방송국에서 마련해 준 고향 가는 항공권을 받고는, 혼자 사는 설움을 잠시 잊어버리고 환한 웃음을 짓는다. 그것을 바라보는 시어머니는 아들이 함께 처가 나들이를 하였으면 얼마나 좋을까 하며 돌아서서 눈물짓는다. 그것이 부모의 마음이다.

시골 이곳저곳에서 오늘도 먼 고향의 부모 형제를 그리며 사는 이방인들이 많다. 이제는 그들이 남이 아닌 우리와 함께할 형제이며 가족들이다. 어쩌면 그녀들은 도시로 빠져나간 우리 자식들을 대신해 늙은 부모를 모시는, 마지막 남은 세대인지도 모른다.

이제는 이들에게 따뜻한 말 한마디, 정다운 시선이라도 보내주는 것이 우리가 할 일이 아닐는지.

Chapter 4

가오리 장수와 가오리연

따스한 햇살이 등을 녹이는 겨울의 어느 날, 시장 골목 초입에 1톤 타이탄 트럭이 정차해 있다. 차 위에는 햇빛과 바람에 그슬리고 몸이 졸아든 중치 가오리가 비닐 끈에 매달려 있다.

턱수염이 더부룩한 50대 중반으로 보이는 사내는 지나가는 여인만 보면 동해에서 잡은 싱싱한 가오리를 싸게 판다고 마이크로 선전을 펴고 있지만, 물끄러미 쳐다보고 지나갈 뿐, 발걸음을 멈춰 흥정하는 여인은 보이지 않는다.

우리네 식탁에 오르는 식품의 90%가 수입인 세상에, 자연산 가오리를 판다고 선전을 하고 있지만, 떠나가면 그만인 떠돌이 행상의 말을 곧이곧대로 믿는 여인은 없다. 그런 선전쯤이야 귀 밖에 흘리더라도 발걸음이라도 멈추어 가오리 장수의 주름이라도 펴 주면 어떨는지.

　가오리는 마침 불어오는 바람을 타고 연신 좌우로 촐랑대고 있다. 춤추는 가오리를 보니 겨울이면 가오리연을 손에 달고 산, 우리 집 둘째가 생각난다. 이놈은 수업 중에도 연 날리는 일만 생각하였는지 집에 오면 가방을 던지기가 바쁘게 연을 들고 나가서는 땅거미가 져서야, 꼬리는 다 떨어지고 댓살만 남은 앙상한 연을 들고 집으로 왔다.

　방패연은 고가에다 얼레도 따라야 하고 연줄은 사금파리를 잘게 부셔 풀을 먹여 주어야 하지만, 가오리연은 문종이가 없으면 신문지로도 만들 수 있으니, 애초부터 방패연은 사달라고 조르지도 않았다. 오직 가오리연만이 그놈의 자가自家 연이었다.

　또 방패연은 얼레질도 잘해야 남의 연줄도 끊어먹고 하늘 높이 날릴 수가 있어 고학년들이 주로 날렸지만, 꼬맹이들에겐 가오리연이 제격이었다. 골목에서는 높이 오르지도 못할 뿐만 아니라 생김새대로 옆으로만 펄럭이며 날아오르다가 이내 땅바닥에 곤두박질치고 만다. 날아다니기보다 땅에 끌려 다니는 시간이 더 많은 것이 가오리연의 숙명이기도 하다. 그러니 연 꼬리가 배겨나지 못했다. 내가 집에 있는 날이면 연 꼬리 달아주는 것이 내 일과가 되어 버렸다.

　어릴 때 그 가오리연과의 인연인지는 모르지만, 둘째 놈은 한때

유통업을 하면서 가오리연처럼 좁은 골목을 붕붕거리며 돌아다녔었다.

앞선 가오리 장수는 처음부터 트럭을 몰지는 않았을 것이다. 직장에서 물러났거나 아니면 사업 실패 등으로, 아는 이가 없는 남의 동네에 와서 속도 풀고 잔돈도 만지는 가오리 행상이 적격이라 여겨 트럭을 몰지 않았을까 싶다.

어머님들, 그 춤추는 가오리를 몇 마리라도 거두어 주면, 아내가 기다리는 집으로 콧노래를 흥얼거리며 달려가지 않을까 싶다.

Chapter 4

친애하는 동생 S

집안 동생 S가 세상을 떴다. 동생은 유달리 정의가 두터워, 어디에서 만나도 안부를 묻고 가세를 걱정하였다.

나의 고향은 100여 호 가구에 각성바지는 몇 집도 되지 않는 연안 차씨의 집성촌이다. 온 동네가 일가를 이루고 사니 누구를 만나도 형님, 아우였다. 눈이 마주치기라도 하면 가던 길을 멈추고 "형수님도 잘 있고요." 하며 안부를 묻고 지나갔었다.

고향 들판 끝머리에는 낙동강의 지류인 남강이 서서히 흐르고 있다. 지금은 수리안전답으로 변해 홍수 피해가 없어졌지만, 관개시설이 되지 않았던 당시는 웃비가 조금만 내려도 물에 잠기었다. 이렇게 해마다 겪는 물난리로 애써 지은 농사를 몽땅 망치는 일이 비일비재했다.

그래서 고향을 뛰쳐나와 얻은 일자리가 부두 하역작업이었다. 화물선이 부두에 넘쳐날 때는 밤낮을 모르고 일했다. 지게차나 크레인이 대중화되기 전이라, 콩 자루나 비료 부대 등을 직접 어깨로 메다 날랐다.

그가 이곳 진해에 정착해서 수년이 지나서야 근동에 사는 것을 알았다. 동생은 잔업을 밥 먹듯 하며 노력한 결과 집은 허름해도 마당도 꽤 넓은 단독주택을 마련했다. 요사이는 먼동이 트기도 전에 일어나, 마당의 텃밭에서 푸성귀들과 두런두런 얘기를 나누는 재미로 산다며, 어느 날 넌지시 알려주기도 했다.

하역작업의 특성상 일이 없을 때는 화투판을 기웃거리기는 했어도, 육체노동에 으레 따르는 술잔은 입에 대지도 않았다. 그는 고향의 길흉사에도 빠지지 않았고, 농사짓는 고향의 형님에게 자주 봉투를 보내주는 등, 우애도 남달리 깊었다.

없이 살면 대부분 외면하기 마련인 종친회에도 자주 얼굴을 내밀었다. 특히 정기총회가 있는 날에는 빠지지 않고 참석하여 장구채를 잡았다. 장구를 메고는 처음에는 까치걸음으로 가볍게 내디디며 분위기를 돋우다가 판이 달아오르면 장구와 함께 몸을 날려 춤판을 달구었다. 그때까지는 아무리 권해도 몸을 사리던 종친회원들도 벌떡 일어나 춤판에 끼어들었다.

부두에서 정년퇴직한 후로는 산불감시원이 되었다. 위암 3기의 중병을 앓으면서도 2년 넘게 산을 오르내렸다. 그 산불감시원도 경쟁자가 많다 보니 시청에서는 할 수 없이 일정한 기간이 지나면 재시험을 치렀다. 쌀 반 가마쯤 되는 모래주머니를 둘러메고 60여 미터를 달리는 체력테스트에 힘 한번 써보지 못하고 낙방하고 말았다. 성한 몸이라면 그까짓 모래주머니는 식은 죽 먹기인데, 그 중한 병을 지니고는 달려 나갈 수가 없었다.

그는 집에 틀어박혀서는 상용약도 거르기 일쑤였고 통원치료도 등한하였다. 자포자기가 얼마나 무서운지, 산을 내려온 지 채 1년도 되지 않아 부고장이 날아들었다. 그는 자식들도 다 제 보금자리를 잡아 나가고 이제는 내외가 오순도순 정 나누고 살지 않을까 싶더니, 평균수명에도 못 미치는 아까운 나이에 그만 세상을 뜨고 말았다. 누구나 노년이면 오기 마련인 죽음을 겸허히 받아들였다면 그렇게 허무하게 생을 마치지는 않았을 것을 생각하면 애처롭기 그지없다.

사람들이 진정으로 산다는 것은 한 곳으로 마음을 모아 지성으로 매 순간을 열심히 사는 일이 아닐까 한다. 온갖 세상일에 부대끼며 허겁지겁 사는 나와는 달리, 동생은 한눈 팔지 않고 하역작업 한 곳에만 정성을 다하여 일했다.

동생은 오막살이 집일망정 집 한 채 마련해서 끼닛거리 걱정 없으면 되지 하는, 소박한 꿈이 전부였다. 이렇게 물욕은 없어도 인정은 한없이 많은 동생이었다. 도회지 생활을 한 지 40여 년을 넘었으면 보통 사람이면 '빼질이 티'가 배이고도 남았을 텐데, 동생의 성품은 예나 지금이나 한결같았다. 만날 때마다 "형님, 그 동안 안 보이던데요. 아이들도 다 컸지요?" 하며 가족 안부를 물었다. 이렇게 인정이 많고 가슴이 따뜻한 동생을 진작 이끌어 주었어야 하는데 그냥 차일피일 미루다가 때를 놓치고 만 일이 너무나 아쉽다.

  노후에는 누구나 외로움이나 적적함이 오기 마련이다. 그래도 나는 곰살궂은 동생이 있어 걱정을 안 했었는데, 그만 수포로 돌아가고 말았다. 그렇게 살가운 동생의 환영을 지우는 데는 아무래도 시간이 좀 걸릴 것 같다.

Chapter 4

통영 기행 이것저것

 20여 년 전 일본 도쿄에 한번 가본 것 말고는 그 흔한 외국 여행도 나에게는 기회가 주어지지 않았다. 대신 국내 여행은 많이 한 셈이다. 모임이 많기도 하지만 가족과 사촌들도 여행을 즐겨 했다. 그중에서도 통영을 많이 다녔다.
 내가 처음으로 통영에 가본 것은 중학교 수학여행이었다. 내가 까까머리 중학생일 때 우리 친구 아버지 중에는 별을 단 사령관을 비롯해서 군인이 많았다. 그 덕분에 군함을 얻어 타고 수학여행을 갔었다. 6·25 직후만 해도 그때의 주 교통수단은 기차가 아니면 여객선이었다. 그런 시절에 그것도 군함을 타고 수학여행을 간다는 것은 정말 가슴 뻐근한 일이었다. 그래서 전선에 나가는 군인

마냥 의기양양했었다. 그렇기는 해도 일반 여객선처럼 객실이 따로 없는 군함인지라 식당과 복도에서 시루 속 콩나물처럼 빽빽하게 실려 가긴 하였어도, 큰 함정인지라 가는지 오는지 모르게 왁자지껄 떠들다가 통영에 닿았다.

통영에 도착 후 고물 버스로 갈아타고 바닷물이 방울져 떨어지는 해저 터널을 지나 우리 키보다 큰 장검 전시대 앞에서, 장군이 되려면 키도 엄청 크고 어깨가 떡 벌어져 힘도 세어야겠구나 하며 한참 우러러본 기억도 난다.

숙소로 정한 충렬사 인근에 있는 절집에서 내놓는 반찬은 고작 다시마튀각과 멸치볶음이 전부였지만 그 초라한 밥상이 지금도 잊히지 않는다. 한참 먹을 때라 금시 반찬이 없다며 부르면 공양주는 짜증 내지 않고 원 없이 갖다주었다.

훨씬 훗날, 내외 종간 모임에서도 고종사촌과 연고가 있는 금호 마리나 리조트에서 자주 묵었었다. 이곳은 시설이 좋아 잠자리는 물론 창문을 통한 바다경치는 그만이었지만, 더 좋은 것은 저녁 나이트였다.

어느 땐가는 해상국립공원인 외도에 가서 지천으로 널려 있는 동백나무며 종려나무와 워싱턴 야자나무에 외국에 온 듯했고, 맥문아재비, 상사화도 지천으로 심겨 있었다. 잎이 두껍고 커다란 아왜나무는 불을 막아주어 방화나무라 부른단다. 나무들도 나름의 재해를 대비하고 있어 참으로 신기했다.

그리고 케이블카를 타고 역사驛舍에 내려 망원경이나 실눈을 뜨고 주위를 살피다가 내려오곤 했다. 관광의 재미는 먹거리가 빠질 수가 없다. 중앙동 어시장 부근의 식당에서 회 한 점 맛보고 맑은 생선국으로 허기를 채우고는 곧장 귀갓길에 올랐었다.

통영문협과의 자매결연을 계기로 예술 도시로서 통영의 면모를 다시 보게 되었다. 세병관은 예하의 장수들이 모여 군사 전력을 나누는 자리임에야 바다가 확 트이어야 제격인데, 크고 작은 집들로 앞이 가려 본래 지휘소의 의미가 반감되어 아쉬웠다.

동피랑에는 지금은 알록달록한 벽화를 그려놓고 관광객을 불러 모으고 있으나, 가난한 어민들은 바다 가까운 곳에 살아야만 새벽 일찍 배를 타거나 어판장에 나갈 수가 있어 손바닥만 한 그곳에서 몸을 누일 수밖에 없었을 것이다. 나도 십수 년간 살던 산동네 생각이 나서 가슴이 울컥 북받쳐 올랐었다.

통영은 유독 걸출한 예술가가 많이 배출되어, 예향藝鄕으로 불리기도 한다. 유치진·유치환 형제며 김춘수·김상옥 시인하며 소설가 김용익·박경리 그리고 음악가 윤이상과 화가 김형로·전혁림 등 이름만 들어도 알 만한 이가 수두룩하다. 청마 우체국을 비롯하여 중앙동의 아트 블록이며 건물 벽에는 통영 예술인들의 시와 그림이 널려 있었다.

윤이상은 그가 그토록 오고 싶어 하던 고향 땅 너럭바위를 이불 삼아 바다를 바라보며 누워 있었다. 누운 자리가, 아파트와 일반

주택이 오밀조밀하게 모여 있는 곳이라 영혼이나마 고향 사람들과 밤마다 정 나누며 지내지 않을까 싶다. 그런데 묘에 적힌 처염상정處染常淨이 무슨 뜻인지 다들 몰라 아쉬웠는데, 뒤에 그 글귀가 '맑고 향기로운 꽃으로 피어나 세상을 정화한다.'라는 뜻을 알고는 내 마음이 숙연해졌었다.

통영 여행의 백미는 아무래도 케이블카가 아닐까 한다. 오르면 오를수록 한려수도의 그림 같은 절경이 눈을 사로잡는다. 한산도, 비진도, 매물도 등 올망졸망한 섬들이 점점이 다가온다. 가히 동양의 나폴리라 불리는 이유를 알 만도 했다. 예전에는 상부역사上部驛舍에서 어정거리다가 하강했었는데, 통영 문우들과 함께 미륵산 정상에 올라 461미터라는 표지를 보니 감회가 새로웠다.

어느 땐가 그곳을 집사람과 여행하다가 차편이 떨어져 일박한 후, 아침에 찾아간 중앙시장에 있는 허름한 식당의 밥상은 지금도 잊지 못한다. 주문하지도 않았는데 수협 직원이 들고 온, 펄떡거리는 자연산 생선을 도톰하게 회를 떠 커다란 접시에 담아오는 바람에 아침부터 소주병을 비운 적도 있다.

보통 일반 관광객은 박경리기념관에 와서도 실내만 획 둘러보고 간다. 이들을 인근에 있는 묘소도 함께 보고 가도록 안내한다면 '비碑도 없고 밥상만 한 상석'뿐인 묘소를 보며 그의 숨결을 듣고 가지 않을까 싶다.

| 평설 |

자신의 존재 이유에 관한 끝없는 물음

―――

이성모
문학평론가·창원시김달진문학관장

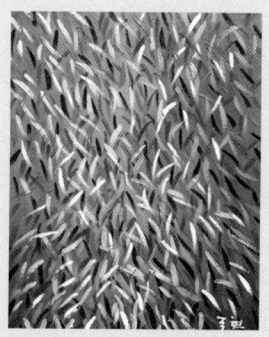

| 평설 |

자신의 존재 이유에 관한 끝없는 물음

이성모
문학평론가 · 창원시김달진문학관장

1. 들어가며

　차상주 작가의 수필집 《인생, 순간이고 바람이었다》를 통독하자 외마디 공안公案이 떠올랐다. 글을 쓴다는 것, 혹은 문학이란 자신의 삶에 답을 줄 수는 없지만, 물음을 줄 수 있다는 점에서 가치롭다. 가치란 무엇인가. 범박하게 일컬어 인간의 욕구나 관심의 대상 또는 목표가 되는 진, 선, 미 따위를 통틀어 이르는 말이다. 이를테면 수필이라는 문학 장르가 차상주 작가에게 지니게 되는 쓸모 혹은 인생의 목표를 이루게 하는 필생의 존재 이유가 되었다는 것이 옳겠다.

자신의 존재 이유에 관한 끝없는 물음이 차상주 수필의 원형이며 정체성이다. 그는 글을 쓰면서 묻고 또 묻는다. 나는 잘못된 게 없고 바르거나 옳은가. 사는 것이 기쁨이고 나날이 고마운 일인가. 남들이 시시하고 보잘것없이 여긴 지인과 벗과 이웃 사람과 심지어 저잣거리 상인들에 이르기까지 당신들이 있어 참으로 행복했다고 말하는가. 부모님과 친인척과 자식들에게 고맙다는 인사를 앞앞이 빠뜨리지는 않았는가.

　인간의 삶이 그림자이거나 공허라는 관념적 한탄에 앞서, 살아왔던 것 혹은 '생生체험'에 관해 무한한 경의를 표하는 것. 질곡의 삶과 애꿎은 운명을 원망하기보다 그만큼 살아낸 것만이라도 경이로운 일이라고 우러러보는 그의 인간관이 자못 흥미롭다. 이 글은 '세계 내 존재'로서 차상주 문학의 원형을 탐색하고 그가 바라보는 인간과 자아의 정체성을 중심으로 고찰한다.

2. 문학 원형 – 산자락의 집

　차상주의 수필을 들여다보는 단초, 그의 수필 세계를 풀어나갈 수 있는 첫머리에 '세계의 내면적 공간'인 벨티낸라움welti-nnenraum이 있다. 이는 구성적 해석학으로서 작가의 세계에 관한 태도, 혹은 삶의 원형을 밝히는 데에 유용하다. 모리스 블랑쇼가 말하는 내면의 공간은 "내면세계이면서 동시에 외부세계인 그런 지점, 공간이 우리의 바깥이면서 벌써 정신적 내면성인 그러한 공간이 있을 수 있지 않을까. 우리가 이 바깥의 내밀한 넉넉함과 아늑함 속에서 우리들 가운데 있으면서도 동시에 바깥에 있을 수 있는 그런 공간이 있을 수 있지 않을까"(Maurice Blanchot, 《L'espace littéraire》, 박혜영 역, 《문학의 공간》(1990) 책세상. 183쪽)라는 물음으로부터 비롯한다.

차상주 수필의 원형, 예컨대 주제 혹은 모티프로 되풀이되어 나타나는 바깥 세계는 옛 기억 속에 현존하는 '탑산 밑 동네'와 오랫동안 살았던 "진해중앙시장과 지척 거리인 제황초등학교 인근"이다. '탑산 밑 동네'는 작가에게 어떤 내면적 공간이었을까.

가진 것 없이 도시의 끝자락으로 내몰려 가난하고 고단했던 사람들이 모여 사는 곳 ― 탑산 밑 동네 ― 신접살림을 차려 아옹다옹 다투며 산 내 초년 인생의 시발지가 이곳이니 잊으려야 잊히지 않는다. … (중략) …

지금 생각하니 가난하게 살던 그때가 실은 좋은 시절이었다. 탑산 동네 어른들은 없이 사는 게 탈이지 다 어질었다. 아이들도 착했다. 이 녀석들은 코 묻은 잔돈이라도 생기면 건빵이나 라면땅을 사서 사이좋게 나눠 먹었고, 집을 손보려고 벽돌이나 모래 등을 타이탄 트럭이 동네 입구에 부려놓으면 개미처럼 줄을 지어 다 날라다 주었다.

  집사람은 마음이 여리다. 이웃에 무슨 변고가 있다는 소식을 들으면 가만히 있지를 못했다. 그날도 며칠째 때를 굶고 있다는 이웃에 국수 다발을 건넸다. 그 국수 삶은 건더기는 아이들에게 먹이고, 어른은 멀건 국물을 마시며 허기를 면했다며 지금도 옛 이웃을 만나면 그때 일을 들먹이며 눈물짓기도 한다.

  "가장 잘 사는 것은 겨우겨우 사는 것"이라고 한 동화작가 권정생의 말이 생각난다. 가난하였지만 오순도순 정 나누며 살던 탑산 동네, 그 시절이 한없이 그립다.

─〈산동네의 인생 3막 5장〉 부분

  인생 초년, 젊은 시절의 기억을 불쾌하고 슬프게 떠올리는 것과, 불편하고 궁핍했으나 나름의 소소한 행복을 좇아 살았던 그때가 그립다는 것과는 크게 다르다. 차상주의 기억은 나름 참된 인식의 그루터기로서, 자신을 둘러싼 제반 상황이 바람직하다고 여기는 '마음의 창고' 그 자체이다.

  윗글에서 서술자인 '나'는 "새벽 일찍 출근해서 저녁 5시에 칼퇴근하는 단조로운 직장 생활"을 하는 사람이다. 언뜻 권태로울 수 있겠으나, 무료하지는 않다. 여하간 흥미도 없이 심심하고 지루할 틈이 없는 까닭은 "토요일이 오면 마음 맞는 친구들과 세상사를 나누는 '동전집'이라는 돼지구이집과 수더분한 인상의 주모"가 있으며, 간혹 뒷집에 사는 L씨처럼 10여 년 산동네 반장으로 사는 "나를 만나자마자 소매를 잡아끌어" 한턱내겠다는 사람도 더러 있다. 외항선원으로 오랫동안 나가 있던 L씨 어머니의 장례를 잘 치러 주었다는 답례의 인사이다. "국방성금, 불우이웃돕기, 적십자회비"를 갹출하여 분담금을 맞추는 일부터, 동네 대소사에 이르기까지 온갖 일을 다 하였다.

윗글에서 불러들이는 건빵과 라면땅, 타이탄 트럭과 국수 다발이란 옛정을 소생시키는 마음의 풍정이다. 옛것에 대한 단순한 향수로 읽을 게 아니라, 자랑스러운 일처럼 떠오르는 인간의 정과 도타운 사랑, 이른바 스스로 뿌듯한 것으로 읽어야 할 일이다. 진해 탑산, 산자락에 자리 잡은 '대흥동 29번지' 옛집은 "손바닥만한 방 3개에 부엌이 딸린, 명색이 삼 칸짜리 기와집이지만, 10여 평에 불과하여 겨우 오막살이를 면한 집이었다."(《산자락의 집을 그리며》) 그러나 "어머니는 반찬거리라도 벌려고 중앙시장 난전에서 딸기 감 등을 팔기 위해 산비탈을 오르내리셨"던 노동의 성소聖所이기도 하다. 어머니의 땀이 빚은 밥과 산자락 위에 빛나는 별을 천진스럽게 천정天井으로 삼은 시절의 성스러운 공간이다.

    나도 어릴 때는 꿈 많은 소년이었다. 그 꿈은 항상 돈을 만지는 은행원이 되거나 아니면 교단에 서는 것이었다. 군 복무를 할 적에는 틈틈이 교육심리학을 펴들기도 하였다. 그러다가 결혼을 해서 중앙시장이 내려다보이는 산자락에 터를 잡고 나서는 조그만 가게가 마음을 사로잡기 시작했다. 하다못해 구멍가게라도 갖고 있으면 밥걱정은 하지 않을 것이 아닌가 하는, 소박한 바람으로 바뀌었다. 그 바람이 세상 하직할 때까지 이루어지지 않으면 머리맡에 과자 몇 봉지라도 차려 놓으라며, 술 한잔하고 귀가하는 날에는 집사람한테 부질없는 궤변을 늘어놓기 일쑤였다. 가난이 몸서리쳤기 때문이다.

—〈보험과 주례〉 부분

윗글처럼 가난에 몸서리치던 시절, 가난을 이겨내기 위해 온갖 궁리도 하던 그가 1960년대 초, '한국 공무원 진해 소비조합'에 근무하다가, 소비조합이 문을 닫아 들어간 곳이 '해군 공창'이었다. 20여 년 몸담았던 곳에서 제2의 인생을 살기 위해 명예퇴직하였다. 그의 말에 따르면 "'한데 세상'이며, 장복산을 넘은 1987년이었다."(〈나의 문학, 나의 인생〉) 사방, 상하 덮거나 가리지 않은 곳, 이른바 집채의 바깥을 일컫는 '한데'란 그가 오롯이 안주하여 살았던 공간이었던 진해를 벗어난 새로운 도전을 가리킨다. 윗글은 명퇴 이후 그가 경남대학교 경영대학원을 졸업하고, 손해보험 대리점을 개설하는 한편, 약 60여 쌍의 결혼식 주례를 도맡아 치르던 시절의 회상을 술회하였다.

앞서 기술한 '세계의 내면적 공간'인 벨티낸라움으로서, '산자락의 집'이 개인사의 바깥이면서 정신적 내면성을 이루는 공간이라면, 다음 글은 우리를 둘러싸고 있는 세계 공간이지만, 그 누구도 눈여겨보지 않아 잊힌 공간에 관한 이야기이다.

> 눈여겨보니 노을역도 빈부의 차가 극심하다. 거리에 따라 동네에 따라 다 달랐다. 아무래도 차량이 질주하는 번화가에 있는 노을역의 의자는 더 낡고 충충했다. 어떤 의자는 삐걱거리기도 했다. 그런데 부자 동네의 의자는 등도 펼 수 있는 폭신한 의자도 있었다. 화분을 한두 개 갖다 놓는 등 치장을 한다면 마음 놓고 담소도 나눌 수 있으리라.
> 길가 어느 곳이나 임시방편으로 노인들 스스로 만들어 놓은 노을역은 허술하기가 이를 데 없다. 날이면 날마다 먼지와 햇볕과 거센 비바람을 맞느라 빛바래지고 있기 때문이다.
>
> ―〈노을역〉 부분

윗글에서 말하는 '노을역'이란 "노인 혹은 장애인들이 거닐다 잠시 쉬어가는 의자 두어 서너 개가 놓인 길가의 쉼터"로서, 저물어 가는 '노을'과 같은 노인들의 쉼터에 빗대었다. "노인들은 목적지에 한걸음에 달려가지 못하고 중간의 노을역에서 잠시 몸을 추스른 다음에 또 다른 노을역으로 발길을 옮긴다." 이 글의 서술자가 노을역에 눈길을 둔 까닭은 "곳에 따라 천장과 가림막도 설치해

주고 의자도 새로이 단장해 줄 것을 바라는"데에 그치기보다, 우후죽순 늘어가는 노을역과 같은 '나와 너' 그리고 '우리'라는 존재에 관한 인식이다. 작가란 세계를 건너다보는 자가 아니라, 세계 그 자체 혹은 사물 그 자체와 함께 사는 자이다. 노을역으로 표상된 인생의 황혼, 그것 자체가 나의 실체로 열어 밝혀져 있는 세계의 내면적 공간이다.

3. 인간학 – 고마운 사람들

차상주 작가의 글을 빈틈없이 차분하고 거듭 조심스레 읽는다. 그의 글에서 두드러진 것은 추체험追體驗의 영역이다. 다른 사람의 체험을 자기의 체험처럼 느끼거나, 이전 체험을 다시 체험하는 것처럼 느끼는 글이 여느 수필집과 달리 많았다. 가난했지만 비루鄙陋하지 않고, 불편했지만 성가시다고 여기지 않았던 시절을 웃음으로 떠올리며 쓴 글이다.

소방서 건너편의 시내 집과 여좌동 돌산 밑 동네를 전전하다가, 조그만 집을 지어 이사한 곳이 진해탑 언저리의 산동네였다. 명색이 세 칸짜리 기와집이었지만, 10여 평에 불과한데다 방 한 칸은 세를 놓고, 어머니와 우리 부부 그리고 자식 셋 등 여섯 식구가 살기에는 너무나 비좁았다. 거기에다 쥐꼬리 월급에 온 식구가 매달리다 보니, 한 푼이라도 절약하는 방법밖에 다른 방도가 없었다.

그 방편으로 사내 두 녀석의 이발은 떠돌이 할아버지 이발사에게 맡겨졌다. 할아버지는 30~40일에 한 번씩 동네를 다녀갔다. 한 번 놓치면 다음 올 때까지 기다려야 한다. 어른이나 아이나 한 끼 굶어서는 살 수 있어도 이발을 한 차례 거르면 몰골이 말이 아니다. 그래서 할아버지 이발사가 올 때가 다 되어 가면 어머니는 골목에서 서성거렸다. 낡은 바리캉은 간혹 머리털을 물어뜯기도 해, 둘째는 이발사 할아버지가 동네 어귀에 나타나면 잽싸게 도망을 쳤다. 할 수 없이 그 녀석의 입에는 이발하는 대가로 아이스께끼 두 개가 물려졌다. 지금도 그때 일을 생각하면 웃음이 절로 나고 산동네 아이들의 까맣게 그을린 얼굴이 어른거린다.

막내 여식의 미용사는 집사람이었다. 집사람은 틈만 나면 딸내미의 머리털을 고르고 땋았다. 지금도 허리춤까지 치렁치렁한 머리를 한 막내의 사진을 보노라면, 머리칼처럼 출렁거리던 가난의 시절이 떠오른다.

—⟨이발과 미용과⟩ 부분

아들 두 녀석의 이발은 떠돌이 할아버지 이발사에게 맡긴다. 붙박이 이발소와 미용실에 비해 싼 가격이기 때문이다. 한 푼이라도 절약하려는 알뜰함의 희생양은 아들인데, "낡은 바리캉은 간혹 머리털을 물어뜯기도 하고", 공포에 질려 도망치던 둘째를 달래려 "아이스케이크 두 개가 물려지던" 시절을 그려내었다. 막내딸은 돈을 들여 머리카락을 자르기보다 차라리 머리카락을 길렀다. "허리춤까지 치렁치렁한 머리를 한 사진을 보노라면 머리칼처럼 출렁거리던 가난의 시절이 떠오른다."

가난을 비천함이라고 여기지 않고, 다소곳하게 받아들이고 살아준 자식들이 고맙다. 한편으로 어려운 시절 꿋꿋하게 제 갈 길을 스스로 열어 맵차게 살아온 친구들이 고맙다. 1960~1970년대 수제화 시절, 군대도 가지 않은 새파란 젊은 나이에 구둣방에 일하면서 자수성가한 '상오'가 "글 쓰는 데 보태 쓰라며 수박과 함께 놓고 간 봉투였다. 봉투 속에는 수표 몇 장이 들어 있었다."(《얼룩진 봉투》)

'동창 친구 S'의 이야기도 있다. "친구는 월남전·후 건설 붐이 일었던 베트남에도, 하와이, 괌 등의 콧대 센 미국의 건설 현장도 섭렵한 글로벌 건축 기술자였다." 그러던 친구가 IMF 이후, 몰락하여 부득불 속초로 정착하여 소채 가꾸는 날일을 하며 살다가 교통사고 후유증에다가 암 투병 끝에 죽는다. 친구 S는 "속초에 가 있는 20여 년 동안 한 달에 두세 번은 꼭 전화를 해왔다. 내가 먼저 전화를 건 것은 몇 번 되지도 않는다." 그럼에도 그의 장녀가 보낸 부고를 받는다. "아저씨! 항상 저희 아버지께 좋은 벗이고, 자랑으로 있어 주셨던 거 감사합니다. 오늘 아버지가 엄마 곁으로 가셨어요. 늘 아저씨를 친구로 둔 걸 자랑스러워하셨어요." "비정非情한 나를 큰 귀를 가진 사람으로 여긴" 친구에게 미안하고 미안하다. "친구가 꿈속에서나마 전화를 걸어 올 것 같아, 아직까지 그의 스마트폰 번호를 지우지 않고 있다."(〈큰 귀로 들어주는 일〉)

뿐만 아니라, "회춘당한약방 진실봉 아저씨와 미싱 대리점 양임환 아저씨"도 잊을 수 없다. "중학생이 되었을 때 영어 공부를 열심히 하라며 영어사전을 선물로 주셨"던 진실봉 아저씨, 내가 군대를 갔다 와서 빈둥거릴 때, '한국 공무원 진해 소비조합' 직원으로 추천해 주신 양임환 아저씨는 물론, "미군 부대에서 목공 일을 하시는 윤 씨 아저씨는 수시로 우리 집에 와서 집을 손보아 주시었다."(〈아저씨, 고마우신 아저씨〉)

사랑을 베푼 이와의 밥 한 끼는 인연을 잊지 않는 것이고 정이며 안부일 텐데, 어르신 생전에 그런 작은 인사도 못 하고 사람의 형상을 하고 살았으니 얼굴 들고 다니기에도 부끄럽다. 너무 늦기도 하지만, 그래도 아저씨들이 베풀어 주신 하늘 같은 은혜를 갚는 일이 무엇일까 골몰하다가, 아저씨들이 몸소 실천한 '이웃 사랑'을 반의반이라도 하는 것에 생각이 미치었다. 그리하면 아저씨들은 '그래, 고맙다. 사람 사는 일이 별것 있나. 이웃이나 친구들이 어려울 때 손잡아주고 살면 되지.' 하시며 천상에서도 반가워하지 않을까 싶다.

―〈아저씨, 고마우신 아저씨〉 부분

널리 알려진바 "덕은 외롭지 않으니, 반드시 이웃이 있다."《논어》, 이인편里仁篇) 라 하였다. 60여 년을 진해에서 살면서, 내 가족으로부터 친구와 동네 지인에 이르기까지, 도움을 주고받고 정을 나누며 자연스레 공동체의 덕목을 쌓았다. 이는 마치 조선 시대 농촌 사회의 자발적 자치 규범인 향약鄕約 4대 덕목과 같다. 서로의 선행을 권장하고 장려하며, 서로의 잘못을 바로잡아 올바른 길로 이끄는 것, 예의를 지키며 서로 교류하는 동시에 서로의 어려움을 함께 나누는 것이다.

    결국 세상을 바라보는 따뜻한 시각과 냉정한 시각과의 싸움에서는 따뜻함이 이긴다는 것을 알 수 있다. 그러니 따뜻한 편의 다정이 냉정보다는 힘이 세다고 할 수도 있을 것이다.
    사람 사는 세상에는 사물이나 일에 대한 각자의 의식이 있어 인간의 본성인 다정, 냉정 등을 임의로 제어하지 못한다. 다만 생활하는데 조금은 불편은 해도, 자연을 본디대로 손대지 않고 불편함을 감수한다면, 냉정하고 무정한 사람도 다정다감한 사람으로 자연 순화되어 따뜻한 세상이 오련만, 불도저는 오늘도 도시 곳곳을 파헤치고 있다.

―〈다정, 냉정, 그리고 무정〉 부분

"따뜻한 편의 다정이 냉정보다는 힘이 세다"는 신념의 발화는 차상주의 생애에 걸쳐 오랫동안 체득하여 소여所與된 것이다. 특별하게 사유하지 않아도 직관적으로 받아들인 의식내용과 같다. "천지의 기운이 따뜻하면 낳아서 기르고, 차가우면 시들어 죽게 된다. 그러므로 성품과 기운이 맑고 차가운 사람은 누리는 것 역시 얕고 박할 것이요, 오직 화기 있고 마음이 따뜻한 사람만이 그 복이 두터우며 그 은택 또한 오래 간다."(《채근담菜根譚》 73) 라고 하였다.

아쉬운 점은 윗글의 제목이 "다정 그리고 냉정과 무정"이라야 하는데, 범박하게 쓰였다. '태도가 정다운 맛이 없고 차갑다.'라는 냉정과, '남의 사정에 아랑곳없이 쌀쌀맞고 인정이 없는' 무정은 같이 쓰여야 거듭 강조하는 차원에서 바람직하다. 사실 문학에 있어, 다정과 무정의 개념과 쓰임이 간단치 않다. 다정과 무정 사이의 구분과 경계가 없음을 보여준 두목杜牧의 절창, "다정함은 도리어 무정함이러니/ 이별주 앞에 두고 웃음을 잊었네(多情卻以總無情/ 唯覺樽前笑不成)"(《증별贈別》 1, 2구句)라고 하듯, 자신의 마음이 다정할수록 무심한 척하는 애끓는 심정도 있으니 말이다.

이처럼 바람직한 다정의 세계를 이루기 위해 그는 다음과 같이 제안한다.

우리도 이 혼탁한 세상을 살아가기 위해서는 이 무릎 꿇은 나무처럼 탐욕은 가감 없이 내버리고 '참마음'만 오롯이 가진다면, 진정한 소통이 이루어지고 남을 미워하는 존재가 아니라 ―나를 키우는 존재― 라 여기며 살게 되지 않을까란 생각이 들기도 한다.

 바다가 잠잠하면 숭어가 뛰어오르고, 호수가 잠잠하면 소금쟁이가 걸어 다니듯이, 내 마음이 잠잠해지면 인정이 샘솟고 사랑이 피어오르지 않을까 싶다.

―〈마음 산책〉 부분

 윗글의 "무릎 꿇은 나무"란 "미국 로키산맥의 해발 3,000미터 높이의 수목한계선에 무서운 바람과 추위를 이겨내고 살아남기 위해 무릎을 꿇듯 낮은 자세로 자라는 나무"를 일컫는 것이며, 이 나무로 만든 명품 바이올린이 "이 세상에서 제일 소리 공명이 잘되는" 것이라 하였다. 이처럼 "탐욕을 가감 없이 내버리고 '참 마음'만 오롯이 가질 것"을 바란다.

 이는 서경덕이 말하듯 "천하의 만물과 만사는 저마다 '그침'이 있다. …(중략)… 더더군다나 우리 인간은 '그침'이 없을 수 없다. 마땅히 각각 저마다 자기 자리에서 그칠 줄 알아야 한다. 예를 들면 아버지와 자식이 은혜에 그친다든지, 임금과 신하가 의로움에 그친다든지 하는 것이 그러하다. 그것들은 모두 타고난 본성이며 사물의 이치다."(〈송심교수의서送沈敎授義序〉, 《화담집花潭集》 권2)와 같다. 스스로 그침을 알았으니, 박지원의 이른바, "위도 아래도 아니어서 섣부른 가치 매김을 할 수 없는 평주 또한 알 것이며,

그리하여 치우치지 않는 가치의 중립으로서 올바른 정正 또한 알아차려, 서로 여의어 상생하는 중中의 경지"(〈답임형오론원도서答任亨五論原道書〉,《연암집》권2)에 올랐으리라.

4. 수필 미학 – 자아의 정체성

수필의 문학적 특성을 규명한 김현의 글은 참으로 명쾌하다. 간추려 말하면 다음과 같다. "수필은 형식적 틀도 없이 '붓 가는 대로' 마음 내키는 대로 쓴 글이 아니다. 내가 보고 듣고 읽고 느낀 것을 삽화의 구체성으로 나열한다는 점에서는 소설에 가깝다. 구체적인 이야기를 통해 자신의 삶에 대한 태도, 세계에 관한 관점과 해석을 표명한다는 점에서는 철학에 가깝다. 소설도 철학도 아닌, 그 이야기에 진솔한 삶의 지혜가 담겨 있다는 점에서 문학성을 갖는다."(김현(1995), 〈소설은 왜 읽는가〉,《김현문학전집》7권, 문학과지성사, 219쪽)

특히 수필이 미학의 단계로까지 나아가는 길목에 던지는 세 가지 질문이 있다. 첫째, 이 글을 씀으로써 새롭게 발견되거나 해석될 의미란 무엇인가. 둘째, 이 글을 읽는 사람들이 새로운 관점을 열게 될 실마리가 될 수 있는가. 셋째, 이 글을 읽는 사람들에게 웃음, 슬픔, 연민, 안타까움 등의 감성을 불러일으킬 수 있는가. 이러한 관점에서 주목되는 것이 다음의 글이다.

> 잿빛은 있는 듯 없는 듯 자기를 잘 드러내지 않는 색이지만, 자세히 들여다보면 잿빛의 생애만큼 자기희생적인 삶도 없다. 우리가 사는 세상은 파랗게, 노랗게, 빨갛게 자기 얼굴을 내미는 유색의 경연장인데, 잿빛은 한발 물러나 질펀한 세상의 온갖 허드렛일을 하면서 이들 유색들을 받쳐주고 있으니 얼마나 위대한가. …(중략)…
>
> 이렇게 해가 뜨고 짐의 배경에는 끝없이 펼쳐진 잿빛 하늘이 있다. 이런 '자연 현상의 과정'들이 어느 하나 소중하지 않은 것이 없지만, 무대를 만든 잿빛이야말로 화색化色 중의 화색이라 하지 않을 수 없다.
>
> 젊었을 때 잿빛은 안중에도 없었다. 그때는 벚꽃 봉오리가 분홍색을 띠기 시작하면 가슴이 설렜고, 붉은 장미를 보면 가슴이 달아올랐다. 특히 푸른 가을 하늘을 보노라면 멀리멀리 날아가고도 싶었다.
>
> 그러다가, 자식 다 떠나보내고 우리 내외만 남았을 때 담백한 색인 잿빛이 보이기 시작했다. 잿빛은 담백하고 소박한 색이다. 이 천으로 옷을 지어 입으면 사람 눈에 잘 띄지도 않는다. 마음도 담담해진다. … (중략) …

잿빛은 본래부터 있었던 색이 아니고 자기 본분 다하고 사라지기 직전의, 희끄무레한 빛이 아닐까 할 정도로 개성이 없는 색깔이다. …(중략)…

잿빛은 이렇게 숫제 자기 색깔을 앞세운 주장을 관철하려 들지 않고, 무욕으로 자기 생을 보시하며 살기를 작정한 듯, 앞에 나서기보다는 주로 뒷전에만 머물렀다. … (중략) … 긴긴 겨울밤, 나지막한 농가의 굴뚝에는 군불을 지피고 나는 희뿌연 연기가 스멀스멀 피어오르다가 가만가만히 내려앉는다. 잿빛의 정중동이다.

모든 생명체가 자기의 온몸을 불꽃처럼 다 태우고 난 뒤, 재로 사라지는 고고한 정수의 빛이 잿빛이다. 그래서 인공으로 만든 회색에도 그 배경에는 이런 위대한 희생이 잠재되어 있음을 간과해서는 아니 된다. 자기희생이 없이는 진정한 '세상의 빛'이 될 수 없기 때문이다. 그래, 화려하지 않지만 착한 선은 색이 아니라 빛이란 걸 잿빛을 통해서 알게 되었다.

우리 인간의 궁극적인 목표는 자유에 있다. 자유에 이르기 위해서는 물질에서나 정신에서 자유로워야 한다. 그러지 않고 소유의 집착과 명예 등 온갖 관계에 얽매일 때는 회색 인생을, 자유로울 때는 참다운 인생 즉, 잿빛 인생을 산다고 말할 수 있을 것이다.

―〈잿빛 예찬〉 부분

윗글의 제법 많은 부분을 끌어온 까닭은 글감 자체가 진부하지 않고 상투적 관념에서 벗어나, 참신성 있는 태도와 미적 감성을 발현하였기 때문이다. 잿빛은 재의 빛깔과 같이 흰빛을 띤 검은빛을 말한다. 불타고 남아 사그라져 가루가 되는 '재'의 표상 representation이 도드라져 소멸의 이미지가 일반화되어 있다. 직관적으로 잿빛은 검정도 하양도 아니라는 까닭에 사상적 경향이 뚜렷하지 않은 회색분자, 혹은 이도 저도 않은 기회주의자에 빗대어졌다. 자연물의 다채로운 색깔에 대비된 인공물의 상징으로서 회색 건물, 회색 도시로 일반화되어 쓰이기도 하였다.

문학적으로도 잿빛은 W. 블레이크의 시 "내가 만나는 얼굴마다/ 슬픔의 그림자와 피곤의 빛"(〈London〉,《경험의 노래》, 1794)을 떠올리게 한다. 나약함의 표지이자, 슬픔의 자국으로 환기되는 잿빛 런던, 임차된 거리, 임차된 템스강이 흐르는 가운데 "사람의 비명 소리마다 마다에서/ 모든 아기들의 겁에 질린 울음"이 가득한 곳을 지배하는 잿빛이다. 어두운 표정과 빛깔로 물들여지는 허망한 삶의 표상에 사로잡힌 심리, 지극히 "기분적 니힐리즘"(안병욱,《현대사상》, 영신문화사, 1958, 202~213쪽 참조)의 전형이다.

우울과 불안, 슬픔과 피곤, 어이없는 허무이거나 무가치하고 무의미한 텅 빔으로 가득한 잿빛을 윗글처럼 뒤집어엎어 가치의 전도轉倒를 이끈 문학적 장력은 어디에 있는가? 그것은 다름 아닌 자신의 머리칼이 잿빛으로 물들어가는 이른바 늙어가는 자신의 정체성에 두고, 스스로 마음 씀씀이와 몸가짐, 처신과 처세의 철학으로 승화시켰기 때문이다.

　늙어가는 이를 바라보니 이들만큼 "자기희생적인 삶"도 없다. 이들은 "세상의 온갖 허드렛일을 하면서" 우리가 사는 세상을 아름답게 하였다. 남들은 저무는 잿빛이라고 하는데, "잿빛이야말로 화색化色 중의 화색"이어서, 이는 마치 불보살이 신통력으로 만들어 낸 가지가지 형체와 같다. 젊을 때, 알록달록 색색에 가슴 설레었으나, "자식 다 떠나보내고 우리 내외만 남았을 때 담백한 색인 잿빛이 보이기 시작했다."

　개성이 없지만, "자기 색깔을 앞세운 주장을 관철하려 들지 않고, 무욕으로 생을 보시하며 살기로 작정"하였다. 굴뚝의 흰 연기처럼 정중동하며, 자기희생으로 살다 보면, "물질과 명예 등 온갖 관계에 얽매일 때는 회색 인생을, 자유로울 때는 참다운 인생, 즉 잿빛 인생을 산다고 말할 수 있"다고 한다.

　윗글은 비록 문장과 문맥, 단락의 이음매가 매끄럽지 못한 흠이 있더라도, 자아의 정체성에 관한 나름의 철학적 탐구에 이르렀다. 특히 나이 들어갈수록 잿빛과 같은 사유를 지니는 것은 "이제껏 살아온 길이 허욕과 아집으로 점철된 일그러진 그림자였으며, 나의 생애란 바람의 벽에 새긴 찰나의 햇빛 한 자락이었다는 것"(이성모, 〈나이 들어 늙어갈수록〉, 《경남신문》 2025. 8. 28. 15면)을 알아차리는 뜻깊은 성찰 그 자체이다.

　수필집 《인생, 순간이고 바람이었다》에는 곳곳마다 자아의 정체성에 관한 끝없는 물음과 다짐으로 가득하다. "인생을 모나지 않고 둥글게, 둥글게 산다는 것"(〈둥글게, 둥글게 앉아서〉)이라는 지극히 당연한 이야기부터 "나이 들면서 생각과 이해의 폭이 넓어졌다. 더욱 포용하게 되고 허용하게 되었다. 이제는 소멸을 향해 달려갈 뿐이다. 매사에 욕심을 내며 산 일이 부끄럽다"(〈자연현상〉)라는 자기 성찰은 물론, "지금도 어느 곳에서나 주눅 들지 않고 바른 소리를 하는, 기가 센 노인으로 살아가고 있다."(〈큰 나무〉)라고 카랑하게 자신을 추스르는 다짐도 빼놓지 않는다.

5. 맺음말

차상주 작가에게 있어 산다는 건 참으로 좋은 것이고, 활기차게 살 수 있다면 이보다 더 행복할 수는 없다. 수필은 그가 살아가는 정신과 기분을 한껏 북돋워서 높이는 스승과 같은 존재이다. 그가 글을 쓰는 것은 남을 가르치려 드는 게 아니라, 글을 쓰면서 어떻게 살 것인가를 체득하여 배우는 따끔한 회초리이다. 절망에 발을 들여놓기보다 하루하루가 경이롭다고 눈을 뜨는 자리에 그의 수필이 있다.

근심과 걱정을 안고 사는 인간, 생로병사의 차꼬를 벗어날 길 없는 인간, 그 모든 것 무겁게 여기지 않는 자리에 차상주 작가가 있다. 언제까지 살지 모르지만, 세월의 물이랑 타고 설렁설렁 흐르다 닿으면 "개똥밭에 굴러도 이승이 좋다"라고 껄껄 웃을 사람이다. '조문석사朝聞夕死'라 했다. 아침에 도를 들어 알았으면 그날 저녁에 죽어도 좋다고 하였다. 겨자씨만큼 삶의 도를 알아차려 가는 길이 홀가분하고 가벼워서 좋겠다고 할 사람이다. 이번 생에 마지막 책이라고 말하며 원고를 내미는데, 생의 마지막은 있어도 문학의 마지막은 없으니, 껄껄 웃으시며 더욱더 생을 보듬어 한껏 사랑하시라고 말씀드린다.

경남산문선 100

인생,
순간이고 바람이었다

차상주 수필집

1쇄 펴낸날 2025년 11월 15일

지은이 차 상 주
펴낸이 오 하 룡

펴낸곳 도서출판 경남
주 소 창원시 마산합포구 몽고정길 2-1
연락처 (055)245-8818
이메일 gnbook@empas.com
출판등록 제1985-100001호(1985. 5. 6.)
편집팀 오태민 심경애 구도희

ISBN 979-11-6746-212-1-03810

ⓒ차상주

＊이 책은 경상남도 경남문화예술진흥원의 문화예술지원을 보조받아 발간되었습니다.
＊잘못된 책은 바꿔 드립니다.
＊저자와 협의 인지 생략합니다.

〔값 15,000원〕